Hamburger Edition
Institut für Sozialforschung

Hannes Heer (Hg.)

»Stets zu erschießen sind Frauen, die in der Roten Armee dienen«

Geständnisse deutscher Kriegsgefangener über ihren Einsatz an der Ostfront

Hamburger Edition

Veröffentlichung des Staatsarchivs der Russischen Föderation (GARF), Moskau, und des Hamburger Instituts für Sozialforschung

Impressum:
Hamburger Edition HIS Verlagsges. mbH
Mittelweg 36
20148 Hamburg

Umschlaggestaltung: Wilfried Gandras
Herstellung: Jan Enns
Satz: KCS GmbH, Buchholz/Hamburg
Druck und Bindung: Clausen & Bosse, Leck
Printed in Germany
ISBN 3-930908-06-9
1. Auflage März 1995

Die Deutsche Bibliothek – CIP-Einheitsaufnahme

»Stets zu erschießen sind Frauen, die in der Roten Armee dienen«:
Geständnisse deutscher Kriegsgefangener über ihren Einsatz an der Ostfront/
Hannes Heer (Hg.). – Hamburg: Hamburger Ed., 1995
ISBN 3-930908-06-9
NE: Heer, Hannes [Hrsg.]

Einleitung

Irgendwo in der besetzten Sowjetunion im Mai 1942. Fünf russische Halbwüchsige reiten jeden Tag ihre Pferde zum Tränken. Die Soldaten der deutschen Artilleriestellung winken ihnen zu, sie winken zurück. Eines Tages zerreißt Kanonendonner die Stille, die Jungen und die Pferde sind verschwunden, zerfetzt, zerstreut, ausradiert. Der Batteriechef hat seine Geschütze einschießen lassen. Szenenwechsel. Kriegsgefangene auf dem Kühler und den Kotflügeln eines Transporters. Der Wagen fährt an, beschleunigt, schleudert die Klammernden in rasendem Tempo in die Luft und zur Seite. Schüsse. »Auf der Flucht erschossen«, lautet der Eintrag ins Kriegstagebuch. Letztes Bild: Männer stehen in einem Teich, Juden. Im Halbkreis am Ufer Bewaffnete. Die Juden bücken sich, tauchen nach etwas, wer hochkommt und hat nichts in Händen, wird mit Kopfschuß erledigt. Im Wasser sollen ermordete Kameraden und deren Waffen liegen, sagen die SS-Leute, grinsen und schießen.

Die sich an solches erinnern, sind ehemalige Landser. Ihre Berichte sind abgefaßt wie Schulaufsätze, ungelenk, mit Fehlern, meist nicht länger als zwei Seiten. Das Thema: Verbrechen und Greueltaten der deutschen Wehrmacht an der Ostfront. Manchmal sind es die eigenen Taten, oft die von Kameraden, aber immer waren die Schreiber Augenzeugen. Sie nennen Namen und Dienstgrade, beteiligte Einheiten und wo sie in Stellung lagen. Verfaßt wurden diese Berichte im Kriegsgefangenenlager, zumeist im Jahre 1943, in der Zeit der beginnenden Rückzüge.

Was deutlich wird in diesen Berichten, ist ein Krieg, der keinem der vorherigen ähnelt. Es scheint nicht um militärische Siege zu gehen, eher um Demonstration und Auskosten von Macht: wenn in einem Dorf sämtliche Männer zwischen 16 und 60 Jahren erschossen oder 150 Männer immer je zwei an einem Baum einer Allee aufgehängt werden, als Strafe für einen Angriff auf deutsche Waffenträger. Rache und Wut sind im Spiel, wenn die Bewohner einer ganzen Stadt als Geiseln genommen und abgeschlachtet werden oder ganze Gebiete beim Rückzug in Flammen aufgehen. Vor allem der Kampf gegen die Partisanen lebt von diesen Gefühlen: den harten, bewaffneten Kern bekommt man trotz pausenloser Militäraktionen nicht zu fassen, also verbeißt man sich ins Fleisch der ungeschützten Dörfer, mordet Frauen und Kinder, Kranke und Greise.

Alle privaten Kriege dürfen hier geführt werden, das Gewissen ist dispensiert, und Traditionen haben ihre Gültigkeit verloren. Die Topographie dieser Gegend ist unscharf, intensiv zu spüren aber ist der Schrecken und die Faszination, die das Wort auslöst – »die Ostfront«. Fast wie Verschwörer treffen sich die Krieger, Stunden vor Beginn des Feldzugs, in Scheunen und auf offenem Feld, um Parole zu bekommen: »Die Kommissare, kenntlich am Sowjetstern auf dem Ärmel, seien wahre Teufel in Menschengestalt u. ohne weiteres zu erschießen.« Oder: »Stets zu erschießen sind Frauen, die in der Roten Armee dienen.« Oder: »Gefangene dürfen nicht gemacht werden, es wären unnötige Esser u. überhaupt eine Rasse, deren Ausrottung ein Fortschritt sei.«

Gefangene hat man erschossen, wo man ging und stand. »Immer weg, davon haben wir sowieso genug.« Wenn Karabiner und Pistole nicht rasch genug arbeiteten, richtete man die Flak in das wehrlose Menschengewimmel. Zu guter Letzt ließ man Hunger und Kälte für sich arbeiten: in den Lagern oder den offenen Eisenbahnwaggons. Auch über den Umgang mit den Juden muß man sich vorher verständigt haben. Jedenfalls geht die Wehrmacht gleich gegen sie vor, erschießt in Lida 20, bei Shitomir 200, in Winnitza 400, in Lubny 3000, bei einem Gefangenentransport, in Dnjepropetrowsk »sämtliche Juden«, in Borissow »mehrere tausend«. Den dominanten Part bei der Judenvernichtung spielten natürlich SS und SD. Erstaunlich ist indes, wie gut die Landser darüber informiert waren, wie genau sie die Zahlen der Massaker kannten, wie dicht sie an den Gruben gestanden haben müssen. Sie wurden nicht des Platzes verwiesen, sondern waren offensichtlich die natürlichen Gesprächspartner der Henker: »Die Juden haben wir aus Deutschland rausgeworfen und nun müssen wir sie auch hier vernichten«, hieß etwa ein Satz. Ein anderer: »Sie müssen alle vernichtet werden.« Oder sofort plausibel für einen Landser: »Befehl ist Befehl.« Widerstand gegen die Beteiligung an Exekutionen gab es nur einmal, er kostete die Dissidenten nicht das Leben.

Auffällig ist auch, daß die schlimmsten Greuel aus dem Jahr 1941 berichtet werden, aus der Zeit der Siege also. In diesen Monaten scheint alles möglich und erlaubt gewesen zu sein. Das Verbrechen wurde damals normal. Die Truppe hat nicht nur Befehle ausgeführt oder gar unter Zwang gehandelt, sie war eigeninitiativ und sehr kreativ in der Erfindung von Quälereien, Foltern, Todesarten. Die Lust an dieser Art von Krieg entsprach dem Schrecken darüber, sich verschätzt zu haben. Auch erinnern sich die Landser auf einmal an Trainingssituationen. Der Krieg gegen die Zivilbevölkerung war auf dem Balkan geübt worden, z. B. auf Kreta: Zivilisten als Kugelfang und eine Kugel für jeden, der aufmuckte. Die Vernichtung der Juden hatte ihr Vorspiel in Polen, als die Wehrmacht mit Raupenschleppern Rache übte.

Bleibt die Frage der Glaubwürdigkeit dieser Zeugnisse. Angefordert wurden sie von der »Außerordentlichen Kommission«, einer 1942 geschaffenen zentralen Stelle zur Untersuchung der Nazi-Verbrechen in der Sowjetunion. Diese mit allen Vollmachten ausgestattete Kommission sammelte Material zur Vorbereitung künftiger Kriegsverbrecherprozesse, sowohl internationaler – wie des späteren Nürnberger Tribunals – als auch eigener Verfahren in der Sowjetunion. Den Gefangenen ist die Funktion ihrer Niederschriften, wie die Adressierung vieler Berichte an die Kommission oder die gewählte Form einer Anklageschrift beweist, offensichtlich bekannt gewesen. Auch das Bemühen, statt Empörung oder Ekel zu artikulieren, möglichst genaue und überprüfbare Angaben zu machen, spricht dafür, daß sie wußten, auf was sie sich einließen. Diese Umstände erlauben es auch, 50 Jahre später einen rudimentären Glaubwürdigkeitstest anhand der vorhandenen deutschen Militärakten zu machen. Das betrifft nicht die mitgeteilten Verbrechen, die zumeist auf der Ebene von Kompanien oder Regimentern geschehen sind und dort erfaßt wurden. Diese Akten wurden bei Bombenangriffen auf das Reichsarchiv zerstört. Überprüft werden konnte also nur, ob sich die genannte Einheit zum Zeitpunkt der Tat im erwähnten Operationsraum befunden hat. Diesen Test haben alle hier abgedruckten Berichte bestanden. Wir haben im übrigen, um die Authentizität der Niederschriften zu erhalten, keine Eingriffe in Satzbau oder Orthographie vorgenommen. Nur fehlerhafte Ortsnamen wurden korrigiert.

Die Geständnisse sind heute im russischen Staatsarchiv Moskau – Fonds 7021/Register 148 – archiviert. Wir danken der Leitung des Staatsarchivs, daß sie uns diesen Bestand zugänglich und die gemeinsame Edition möglich gemacht hat.

Hannes Heer

Sold. Rudi Maschke,
I.R. 6
Bütow i./Pom.

Mein Hauptmann Finselberg hielt unserer Kompanie zwei Tage vor dem Einsatz einen Vortrag über die Rote Armee. Dienstgradabzeichen usw. wurden kurz durchgesprochen, dann erklärte er, daß Gefangene nicht gemacht werden dürfen, es wären unnötige Eßer u. überhaupt eine Rasse, deren Ausrottung ein Fortschritt sei. Die Kommissare, kenntlich am Sowjetstern auf dem Ärmel, seien wahre Teufel in Menschengestalt u. ohne weiteres zu erschießen. Eine Nichtbefolgung dieses Befehls, würde uns selbst das Leben kosten.

Bruno Schneider
8./Komp. I.R. 167
FPN 08179 E

Mein Bericht enthält nichts Nacherzähltes oder Gehörtes, sondern beruht auf wahrheitsgetreuer Grundlage.

Mein Bericht:
Ich gehörte im Jahre 1941 zur 15. I.D. I.R. 106, 4. Komp. Mit dieser Einheit kam ich Ende Juni 1941 von Frankreich nach Rußland. Damals waren die deutschen Truppen soeben in die Sowjetunion eingedrungen. Bevor wir nun auch einrückten, lagen wir auf einem Gehöft in der Gegend von Biala unweit von Brest-Litowsk. Kurz vor unserem Abmarsch wurden wir von unserem Kompaniechef, dem Oberleutn. Prinz, in einer Scheune versammelt. Hier erhielten wir folgenden Geheimbefehl: »Kriegsgefangene sind von der Roten Armee nur in Ausnahmefällen, d. h. wenn es unvermeidlich ist, zu machen. Im Übrigen sind gefangene Sowjetsoldaten zu erschießen. Stets zu erschießen sind Frauen, die in den Einheiten der Roten Armee dienen.«
Ich kann nun noch sagen, daß sich der große Teil der Soldaten meiner Einheit nicht so verhielt wie es der obige Blutbefehl von ihnen forderte. Ich sah aber auch, wie sich die deutsche Armee ein grauenhaftes Ansehen erwarb.

Georg Bergmann
Konditor aus Berlin
18.4.1943

Der Gefreite Georg Bergmann, Berlin 4./A.R. 234. berichtet:

Ich war Zeuge folgender Worte und Vorfälle:
Am 1. Juli 1941 kurz vor unserem Einsatz ließ unser Batterieführer Hauptmann Gulweit ein »alter Kämpfer« und Nazi, die Batterie antreten um uns über unser Verhalten und die Kampfweise gegenüber der Roten Armee Anweisungen zu geben. Er sagte: »Wir haben es mit den schwersten Verbrechern zu tun, Gefangene werden nicht gemacht! Sollten sich aber doch welche ergeben, so werden sie ›auf der Flucht‹ erschossen.« Tatsächlich wurde es auch so gemacht. Nach 3 Tagen meldeten sich 3 Rotarmisten ohne Waffen beim Batterieführer. Sie wurden bis zum Abend mitgenommen und dann in einem Wald 20 km vor Leunolov (anscheinend auf Befehl des Hauptmann Gulweit) vom Batterieoffizier Leutnant Meier aus Berlin erschossen, mit der Begründung »sie könnten uns verraten«. In den folgenden Tagen fuhr öfters der Abteilungswagen mit rasendem Tempo an uns vorbei. Auf dem Kühler und auf den Kotflügeln mußten 2–3 Gefangene Platz nehmen. Meistens fielen sie durch das ungeheure Tempo herunter und wurden so »auf der Flucht erschossen.« Dieses erging vielen Rotarmisten im August–September 1941 bei Aunus.

Obergefr. Karl Hirth
12./Geb.Jg.Rgt. 137, II. Geb. Div.
Bildhauer
10.4.1943

Beim Vormarsch der Gebirgstruppen am 3.7.1941 an der Murmanskfront wurden vom Unteroffz. Anton Wilcheimer (ein Kärntner) von der 12./Geb.Jg.Rgt. 137, grundlos 5 russische Soldaten welche mit erhobenen Händen dastanden, aus 6 m Entfernung mit der M.Pist. erschossen.
Der SS Landeskulturreferent Helmut Frischenschlager aus Salzburg hat am 16.7.1941 einen an der Hand verwundeten Rotarmisten aus 3 m Nähe erschossen. Frischenschlager fiel 10 Tage später.
Regimentskom. jetzt Gen. Ritter v. Hengel gab am 10.7.41, also am Vormarsch, den Befehl sämtliche Gefangenen zu erschießen.

Gefr. Hans Noske
A.A. 94. 4. Geb.Div.
Schneider, Katscher O/S.

An die
Außerordentliche Kommission zur Feststellung und Untersuchung der Schandtaten der faschistischen deutschen Landräuber.
Das Folgende habe ich als Augenzeuge erlebt.

Es war im Juli 1941. Unsere Division befand sich auf dem Vormarsch zur Ablösung. Ich hatte eine Fahrradpanne und fuhr nach erfolgter Reparatur mit einigen Kameraden meiner Schwadron nach. Wir bewegten uns auf der Rollbahn I Tarnopol–Winnitza und passierten eine kleinere Stadt, deren Name mir leider entfallen ist. Vor der Stadt war rechts der Straße ein Teich. In diesem Teich waren ziemlich viele Juden, am Ufer standen SS Männer mit angeschlagenem Gewehr. Auf meine Frage, was da los sei, erfuhr ich Folgendes: In diesem Teich sollten vom Russen erschossene SS Männer und Waffen liegen und die Juden sollten sie herausholen. Wenn ein Jude untertauchte und nichts heraufholte, wurde er mit einem Kopfschuß erledigt.
Auf diese Weise hat man dort sämtliche Juden massakriert.

An die
Außerordentliche Kommission zur Feststellung und Untersuchung der Schandtaten der faschistischen deutschen Landräuber.

Ich bin in der Lage, folgendes als Augenzeuge berichten zu können:

Am 13. Juli 1941 wurden 6 Rotarmisten vor der Stadt Wilikije Luki von meiner Kompanie gefangengenommen. Sie mußten bei und Munition tragen. Durch die Hitze und Arbeit des Tages völlig erschöpft und verwundet konnten sie den Marsch nicht mehr durchhalten und fielen zu Boden. Da kam unser Kompanie-Chef, Oberleutnant Graf, 8./J.R. 473, 253 J.D., und versuchte die am Boden liegenden Rotarmisten wieder aufzutreiben. Er trat sie mit Füßen und schlug sie mit der Reitpeitsche ins Gesicht. Als er endlich einsah, daß sie nicht mehr konnten, gab er den Befehl sie zu erschießen.

Gefr. Jakob Zietz Landwirt 8./J.R. 473, 253 J.D.

Bleibauer

Gefr. Jakob Zietz
8./I.R. 473, 253 I.D.
Landwirt

An die
Außerordentliche Kommission zur Feststellung und Untersuchung der Schandtaten der faschistischen deutschen Landräuber.

Ich bin in der Lage, Folgendes als Augenzeuge berichten zu können:
Am 19. Juli 1941 wurden 6 Rotarmisten vor der Stadt Wilikije Luki von meiner Kompanie gefangengenommen. Sie mußten bei uns Munition tragen. Durch die Hitze und Arbeit des Tages völlig erschöpft und ermüdet konnten sie den Marsch nicht mehr durchhalten und fielen zu Boden. Da kam unser Kompanie-Chef, Oberleutnant Graf, 8./I.R. 473, 253 I.D., und versuchte, die am Boden liegenden Rotarmisten wieder aufzutreiben. Er trat sie mit Füßen und schlug sie mit der Reitpeitsche ins Gesicht. Als er endlich einsah, daß sie nicht mehr konnten, gab er den Befehl sie zu erschießen.

Soldat Günter Drechsel
5./A.R. 195, 95. I.D.

Im Juli 1941 lag unsere Division kurz vor Shitomir. In der Truppe verbreitete sich das Gerücht, daß in einer nahen Ortschaft, ca. 80 km westlich Shitomir, ca. 200 Personen hingerichtet werden sollten. Zum grössten Teil Juden, weil sie angeblich deutsche Soldaten misshandelt hätten. Ich habe mir diese Massenhinrichtung einige Minuten mit angesehen, es war schauderhaft. Alle mussten sich selbst ihr Grab schaufeln und wurden dann von Soldaten der 95. I.D. und einer SS-Einheit erschossen. Bis spat in die Nacht hinein war das Gewehrfeuer der Execution zu hören. Den Befehl zu dieser Greueltat gab General Sixt von Arnim, Kdr. der 95. I.D.

Gefreiter Rolf Wetzel
6./I.R. 88
Bankangestellter, Gera
10.4.43

Nach der Einnahme von Mogilew, Ende Juli 1941, wurden gefangene Rotarmisten aus der Stadt abgeführt. Im Beisein des Kdr. der 1. + 2. Kompanie des Marschbtl. 15, Oblt. Woll, wurden 8 oder 9 Rotarmisten, z. T. verwundet, durch M.G. niedergeschossen und ließ sie einfach am Straßengraben liegen. Sie hatten sich seitwärts gebückt, um Wasser zu trinken. Oblt. Woll äußerte dabeistehend »Immer weg, davon haben wir sowieso genug«. Zeuge: Unteroffizier Helmut Koch, 6./I.R. 88. in russischer Gefangenschaft.

Otto Wormuth, Oberfeldwebel
3./I.R. 364, 161 I.D.
Braunsberg Ostpr.
Ritterstraße 10
10.4.1943

Bericht über Bestialitäten der faschistischen Hitlerarmee!

Am 17.7.1941 bei der Besetzung der Stadt Lida war ich Zeuge folgenden Vorfalls:
Der Führer des Rgt.Reiterzuges I.R. 336, 161. I.D. ließ dort 20 jüdische Ortsbewohner zusammentreiben und durch ein Kommando abführen. Unter diesen Einwohnern befanden sich Leute im Alter von 16 – etwa 60 Jahre. Als man aus der Stadt heraus war, mißhandelte man sie aufs schwerste. Sie wurden mit dem Gewehrkolben gestoßen und mit Seitengewehren gepeinigt, das Blut lief verschiedenen aus Nase und Mund. Alsdann mußten sie unter weiteren schweren Mißhandlungen ein Loch ausheben. Als dieses fertig war, mußte sich einer nach dem anderen vor das Loch stellen, und sie wurden dann in Gegenwart der anderen erschossen. Gründe für diese Tat lagen nicht vor.
Am 30.7.41 ließ der Kommandeur der I./I.R. 364, 161 I.D., Major v. Klitzing, gefangene Rotarmisten unter stärkstem Infanterie- und Artilleriefeuer Munition in die vordere Stellung bringen. 7 gefangene Rotarmisten kehrten nicht mehr zurück.

Gefr. Fr. Schuler
SS Rgmt. »Westland«
Nürnberg

Es war Anfang Juli 1941 hinter Lemberg. Unser Regimentskommandeur wurde aus dem Hinterhalt erschossen. Wahrscheinlich als Vergeltungsmaßnahme ist daraufhin ein russischer Kommissar gehenkt worden.
Dnjeprodscherdschinsk wurde eine große Anzahl der Zivilbevölkerung, darunter auch Juden auf Lastautos von der Ortskommandantur vor die Stadt gebracht u. dort vor selbstgeschaufelten Gräbern von einem Feldwebel der SS Werkstatt-Kompanie erschossen. Dieser galt als »Spezialist«, weil er früher bei der Gestapo präzise Genickschüsse auszuführen gelernt hatte.
Bei Dnjepropetrowsk wurden sämtliche Juden, auch Frauen u. halbe Kinder durch Erschießen auf die Seite gebracht. Partisanen u. russische Soldaten, die wir im Hinterlande antrafen, sind auf der Stelle erschossen worden.

Gefreiter Richard Hilbig
9. le. Fahrkolonne 34
Bergmann
Altenwald (Saar)

An die außerordentliche Kommission zur Feststellung und Untersuchung der Schandtaten der faschistischen deutschen Landräuber.

Ich habe folgendes als Augenzeuge erlebt:

Im August 1941 lag unsere 9. leichte Fahrkolonne der 34. I.D. auf einem Kolchos in der Nähe Brjansk. Eines Tages kam eine Kolonne von 30 Zivilisten unter Bewachung von einigen Soldaten bei uns an. Diese Zivilisten im Alter von etwa 18–60 Jahren, sollten durch eine Radiostation mit der Roten Armee in Verbindung gestanden haben. Angeblich hatte sich ein Ukrainer, der im Dienst der Hitlerarmee stand, bei ihnen eingeschlichen und sie überführt. Hier sollten sie nun erschossen werden. Zuerst mußten sie einen Graben schaufeln, dann wurden sie zu je 10 Mann vor den Graben gestellt und erschossen, so daß sie gleich in den Graben hineinfielen. Ob sie nun tot, schwer oder nur leicht verletzt waren, sie wurden alle zugeschaufelt.

So wurden diese 30 Mann erschossen. Das Kommando dazu gab ein General der Panzergruppe Guderian. Während dieses Massakers kam unser Stabsfeldwebel Fuchs, 9. l. Fahrkol. dazu und brachte 2 Zivilisten mit, die er im Walde erwischt hatte. Der General ließ die beiden Leute sofort miterschießen mit der Begründung, daß sie doch nur Partisanen seien. Nachdem die Erschießungen beendet waren, wurden einige alte Männer und Frauen aus dem benachbarten Dorfe geholt, um den Graben zuzuschaufeln. Ich selbst mußte dabei Wache stehen. Leider weiß ich den Namen jenes Generals nicht mehr.

Ogfr. Ferdinand Schindl
II. A.R. 83, 100. I.D.

Die »Heldentaten« der SS.

Sommer 1941 hatte ich Gelegenheit einen Teil ihrer Heldentaten zu sehen.
Unsere Division näherte sich im Sommer 1941 der ehemaligen polnischen Grenze, da hieß es, wir werden zur Verstärkung der SS-Division eingesetzt. Die SS-Division vor uns hat so starken Widerstand und kann den Vormarsch nicht fortsetzen. Gemeinsam mit der SS wurden wir zum Angriff angesetzt. Obwohl die SS aufs modernste ausgerüstet war, blieb sie doch als Reserve, und unsere Division mußte den Hauptteil des Angriffs führen. Dafür war sie nachher um so tüchtiger in einer kleinen Stadt, wo der Widerstand sehr stark war, übten sie schon Rache. Die ganze Zivilbevölkerung, darunter Kinder und Greise, wurde in ein großes Gebäude eingesperrt. Sodann wurde alles verschlossen, mit Benzin angegossen und angezündet. Auf die Frage, warum sie das machen, gaben sie als Antwort, es seien lauter Juden, und diese müßten von der Welt verschwinden. Nach meiner Schätzung kamen zirka 200 Menschen ums Leben. Auch die Privathäuser wurden angezündet und ein Raub der Flammen.
»So sehen in Wirklichkeit die Heldentaten der SS aus!«

Ogefr. Heinz Flohr
2. IV./A. 295

Die Schandtaten der SS an der Zivilbevölkerung in Zoloschow und Belaja-Zerkow!

Es war im Sommer 1941 im Anfange des Krieges gegen die Sowj. Union als ich in Zoloschow folgendes erlebte. Wir rückten in Zoloschow ein und mit uns auch eine SS-Div. ein, die erst frisch herangeführt worden war. Inzwischen hatte ein fürchterliches Regenwetter eingesetzt und die Straßen waren sehr verschlammt. Das erste was ich erlebte war: Das SS-Leute dabei waren und ließen Zivilisten unter Drohung mit der Pistole in diesen Schlamm lang kriechen. Ein Leutnant mit dem ich zusammen war, verbot den SS-Leuten dieses Treiben, aber die lachten nur und sagten: »Befehl ist Befehl!« Diese Befehle erteilen nun die Hauptleute der Waffen-SS. Aber das sollte nicht das gesamte sein, denn am Nachmittag mußte ich das Schreckliche erleben, daß die arme Bevölkerung auf Autos heran transportiert wurde und auf rohe Art erschossen wurde. Es mußte sich um Ausrottung der Juden handeln, denn das war nur ein Vorwand. Alles brachten sie heran, Greise, Männer, Frauen und Kinder. Da mußte manche Mutter das Ende ihrer Kinder mit ansehen und warten bis sie selbst an der Reihe war. Dasselbe mußte ich mit eigenen Augen in Belaja-Zerkow mit ansehen und ich hab mich die Frage gestellt: »Sind das noch Menschen, die solches tuen?«

Johann Grünbart
SS K.R. 2
Geinburg Ob.donau
Bäcker

Ich war Angehöriger des SS-Kavallerie-Regiments 2. Im August 1941 befanden wir uns in der Ukraine, am Pripjet-Fluss, in der Nähe der Rollbahn. Ohne ersichtlichen Anlaß bekamen wir damals vom Regiments-Kommandeur, einem SS Sturmbannführer, den Befehl, aus den 3 Dörfern, Tscherschowitzi, Laschowitzi u. Tewnowitzi die gesamte männliche Zivilbevölkerung im Alter von über 18 Jahren herauszuführen u. zu erschießen. Im ersten Dorf waren es ungefähr 350 dieser unglücklichen, schuldlosen Menschen. Sie mußten ihr eigenes Grab, ein großes langes Loch schaufeln. Aus einer Entfernung von 10 mtr. schoss sodann die ganze Einheit auf die im Halbkreis aufgestellten Opfer. Im zweiten Dorf waren es über 200, im dritten an die 125. Die letzte dieser 3 grausamen Ermordungen ist mir in besonders schrecklicher Erinnerung. Die Nacht brach schon herein, als das Blutbad begann. Ohne noch zielen zu können, schossen wir in die vor uns stehenden Menschen. Wir schossen u. schossen, um das fürchterliche Wimmern und Stöhnen der Verwundeten, das Röcheln der Sterbenden zu übertäuben. Und bis zuletzt, als sie schon auf einen Haufen zusammengeschossen lagen, riefen u. schrien diese unschuldigen Opfer. »Kameraden, helft uns!«
Die Frauen wurden dann gezwungen das Grab mit den Erschossenen meist noch lebenden Männern zuzuschaufeln. Dann mußten wir dort Wache stehen. Während ich auf Posten stand, versuchten 3 Frauen ihre ermordeten Angehörigen ausfindig zu machen. Auf mein Halt Rufen gaben sie keine Antwort, sondern warfen sich zu Boden. Befehlsgemäß mußten wir sie erschießen. Der nächste Posten ließ, als die Bevölkerung wieder versuchte sich zu nähern, sie ungehindert herankommen. Mit Papa-Papa-Rufen suchten zuerst die Kinder ihre ermordeten Väter. Die Posten entfernten sich etwas. Anstelle der Kinder erschienen

sehr bald die Frauen. Sie deckten das Loch wieder auf, wuschen die Wunden der Toten mit Milch u. zogen ihnen frische Wäsche an. Der Posten, der bei der Ablösung diesen Vorfall meldete, wurde wegen seiner Menschlichkeit u. wegen Unterlassung sofortiger Meldung sofort nach Deutschland zurückbefördert.

Hansgeorg Kohl, Uffz.
2./N 30
Koch, Lübeck

Im August 1941 mußte ich mich mit meinem Fahrzeug, (ich war Funktruppführer bei der 30. I.D.) nach Staraja Russa zurückschleppen. Dort wurde ich Augenzeuge, wie an die 35 Personen, Männer verschiedenen Alters an Balkonen, Laternen usw. aufgehängt wurden. Am Tage vorher wurde dort von Partisanen eine Arbeitsdienst-Abteilung in die Luft gesprengt, deshalb wurde die beschriebene Vergeltungsmaßnahme getroffen.
Mir ist noch ein Fall aus dem Polenfeldzug bekannt. Im September 1939 bei Kalisch, wurde eine im Dorfe rastende Kompanie des M.G. Bataillons 6 von der Bevölkerung überfallen u. viele getötet. Daraufhin wurden die 5 übrigen Kompanien eingesetzt, das Dorf umzingelt, die gesamte Bevölkerung, Männer, Frauen u. Kinder mußten sich, nachdem sie die Gräber für die deutschen Gefallenen geschaufelt hatten, auf die Straße einer neben den anderen legen. Dann fuhren Raupenschlepper über sie hin u. zermalmten sie. Auf diese Weise wurden 80 bis 90 Personen aus Rache getötet.

Der Ob.-Gefreite Hugo Bahrs, Hamburg. Brücke B. 639.
Feldpostn. 01156

Berichtet:

Im August 1941 lag ich mit meiner Zgkw. in Winiza in Reperatur. In einer Nacht wurde in einem Stadtviertel, das zum größten Teil von jüdischer Bevölkerung bewohnt war, ein „Flaksoldat" erschossen aufgefunden. Der Stadtkommandant, dessen Namen ich nicht kenne, befahl eine Razzia im Judenviertel und ließ 400 Juden auf Grund dieses Vorkommnis erschießen. Es sollte „abschreckend" wirken.

In Losowaja lag ich einige Nächte bei dem Stab der 17. Armee in Quartier. In den anliegenden Räumen war S.S. und Feldgendarmerie untergebracht. Nachts wurde ich durch furchtbare Schreie geweckt. Auf meine Frage was los sei, wurde mir gesagt „Partisanen werden zum sprechen gebracht." Man hatte Zivilisten verhaftet und durch grausame Folterung presste man Geständnisse aus ihnen heraus und am nächsten Morgen hingen sie an Telegraphenmasten an der Hauptstraße Krasnograd - Losowaja mit dem Schild um den Hals, „So werden Partisanen behandelt."

Hugo Bahrs Obergefr.
Brücke B 639
Fischer aus Hamburg 23

17.6.43.

Diese Meldung wurde vom Kriegsgefangenen Obergefreiten Hugo Bahrs selbst erstattet und unterschrieben.

7.VI.43 Ernst Fabri, Instrukteur der Politabtlg. Lager 2,

Hugo Bahrs, Obergefr.
Brücke B 639
Fischer aus Hamburg 23
17.6.43

Der Ob.-Gefreite Hugo Bahrs, Hamburg. Brüko B. 639.
Feldpostn. 01156 berichtet:

Im August 1941 lag ich mit meiner Zgkw. in Winnitza in Reperatur. In einer Nacht wurde in einem Stadtviertel, das zum größten Teil von jüdischer Bevölkerung bewohnt war, ein »Flaksoldat« erschossen aufgefunden: Der Stadtkommandant, dessen Namen ich nicht kenne, befahl eine Razzia im Judenviertel und ließ 400 Juden auf Grund dieses Vorkommens erschießen. Es sollte »abschreckend« wirken.
In Losowaja lag ich einige Nächte bei dem Stab der 17. Armee in Quartier. In den anliegenden Räumen war S.S. und Feldgendarmerie untergebracht. Nachts wurde ich durch furchtbare Schreie geweckt. Auf meine Frage was los sei, wurde mir gesagt »Partisanen werden zum sprechen gebracht.« Man hatte Zivilisten verhaftet und durch grausame Folterung presste man Geständnisse aus ihnen heraus und am nächsten Morgen hingen sie an Telegraphenmasten an der Hauptstraße Krasnogrod-Losowaja mit dem Schild um den Hals »So werden Partisanen behandelt.«

Ofw. Leo Mellart
2./I.R. 228, 101. I.D.

Vom 21.–28. August 1941 war ich auf der Krankensammelstelle Geisin bei Uman. Dort war gerade die Kesselschlacht beendet. Es kamen stündlich in das Durchgangslager Geisin 2000–3000 Gefangene, die dort verpflegt und weitergeleitet werden sollten. Durch schlechte Organisation der deutschen Militärbehörden hatten sich am Abend des 27. August 1941 etwa 8000 Gefangene angesammelt. Es war keine Verpflegung für sie vorhanden und sie wurden trotz großer Hitze auf einem etwa normalerweise 500–800 Personen fassenden Raum zusammengepfercht. – Nachts erwachte ich durch Geschrei und Schießen. Ich ging hinaus und konnte feststellen, daß die in der Nähe stehenden 2- oder 3-Flak-Batterien mit jeweils 4 8,5 cm-Geschützen direkt auf die in dem Speicher befindlichen Gefangenen geschossen hatten, weil dieselben angeblich ausbrechen wollten. Für diese Gemeinheit zeichnet, wie man mir damals sagte, der Stadtkommandant von Geisin verantwortlich. Wie ich später von den Wachmannschaften erfuhr, sind durch dieses Verbrechen zwischen 1000 und 1500 Mann getötet oder schwer verwundet worden.

Christian Farber, Gefr.
3./I.R. 347
Schwitzingen b. Mannheim
Schuster

Im vorigen Jahr, kurz vor meiner Gefangennahme am 3.9.42, war ich Zeuge von furchtbaren Greueltaten, die in einem grösseren Dorf in der Nähe von Cholm verübt worden sind. Von einer S.S. Abteilung sind ungefähr 300 Männer, Frauen und Kinder, zum grössten Teil Juden, auf die grausamste Art hingemordet worden. Zu kleineren Abteilungen zusammengestellt, mussten sich zunächst die Männer in Linie vor eine selbst ausgehobene Grube stellen. Mit einem Maschinengewehr, das in einer kurzen Entfernung in Brusthöhe auf einem Sockel aufgebaut war, wurde die erste Abteilung durch eine M.G. Garbe einfach abgemäht. So geschah es mit den Anderen ebenfalls. Es war ein furchtbares Schreien und Klagen, denn nicht jeder war durch das M.G. Feuer tödlich getroffen. Viele Schwerverletzte wurden einfach mit Erde beworfen, wobei von den S.S. Banditen, als Wortführer trat besonders der Feldwebel Josef Schmidt aus Freiburg hervor, bemerkt wurde: »Die werden dann wenigstens im Dreck ersticken.«
Versuchten einige Männer oder Frauen dieser furchtbaren Hinrichtung zu entfliehen, so wurden sie mit einem Kraftwagen verfolgt und einfach wie die Hasen abgeschossen. Kleine Kinder wurden an den Beinen gefasst und mit den Köpfen gegen eine Mauer geschleudert. Ein junges Mädchen hatte sich in einer Scheune auf einem Balken versteckt. Als es von einigen S.S. Leuten entdeckt wurde, kletterte einer hinauf, während die anderen sich unterhalb des Balkens in einem Kreis mit aufgepflanztem Seitengewehr aufstellten. Dem Mädchen wurde nun solange mit Seitengewehrstichen zugesetzt, bis es herunterspringen musste. Es wurde buchstäblich aufgespiesst. Als ich den verantwortlichen S.S. Leutnant Karl Dör, Ludwigshafen b. Mannheim, fragte, warum diese furchtbaren Taten verübt werden, antwortete er:

»Die Juden haben wir aus Deutschland rausgeworfen und nun müssen wir sie auch hier vernichten.«
Zum Schluss wurde sämtliches Vieh im Dorf zusammengetrieben und weggebracht, das Dorf selbst wurde bis zum letzten Haus abgebrannt.
In einem Nachbardorf wurden von Abteilungen des I.R. 351 u. I.R. 254 schreckliche Misshandlungen der russischen Zivilbevölkerung gegenüber verübt. Das letzte Stück Vieh wurde aus den Ställen geholt, diejenigen Männer und Frauen, die sich weigerten, es herzugeben, wurden gefesselt, geschlagen, ja einige sogar erschossen oder erhängt.

Heinz Ackermann, Unteroffizier
13, Infanterie Regiment 11, 14. Div.
Buchdrucker aus Eisleben
15. April 1943

1.) Anfangs Juli 1941 war ich bei Baranowitschi der 3. Komp.Inf. Rgt. 11 als Fernsprecher unterstellt. nach dem Kampf wurden drei Gefangene zum Kompanieführer Oberleutnant Pinkert gebracht. Er übergab sie einem Unteroffizier mit der Weisung: »Schicken sie die Bande dorthin, wohin sie gehört.« Der Unteroffizier wußte schon, was dieser Befehl bedeutet. Mit einem Fußtritt setzte er die Gefangenen in Richtung auf den Teich in Bewegung. Am Ufer tötete er zwei Gefangene durch Genickschüsse. Bei dem dritten Rotarmisten hatte die Pistole eine Ladehemmung. Dann schoß der Unteroffizier wieder, aber der Schuß war nicht tödlich. Der Rotarmist lag nun mit dem Gesicht nach oben auf dem versumpften Teich. Der Mörder veranstaltete nun ein regelrechtes Übungsschießen auf ihn. Die Kompanie sah zu.
2.) September 1941 lagen wir in Sakki bei Welisch. Eine Kolchosbäuerin, die für die Viehzucht verantwortlich war, setzte sich gegen die Beschlagnahme von Kühen energisch durch. Sie leistete stets passiven Widerstand. Der Ortskommandant Oberleutnant Max Schmidt 14. Komp. I.R. 11 erfuhr, daß sie Kommunistin war. Sie wurde auf die nächste Grenzgendarmeriestation geschickt, kam aber nach ein paar Tagen ins Dorf zurück. Noch am gleichen Abend wurde sie erschossen, weil sie angeblich den Ort verlassen wollte und auf Anruf nicht stehen geblieben sei.
3.) In Sakki bei Welisch ließ der Ortskommandant Oberleutnant Max Schmidt 14. Komp. I.R. 11 einen Ortseinwohner hängen, der angeblich Kommunist gewesen ist. Die ganze Bevölkerung mußte auf den Hinrichtungsplatz. [...] Drei Tage ließ man den Leichnahm hängen. Am Galgen wurde eine Bekanntmachung angebracht, in der jeder mit dem gleichen Los bedroht wird, der die Arbeit der deutschen Wehrmacht sabotiere.

Helmut Schipsky
SS-Totenkopf-Division
Kauf.Ang. Posen

Anfang September 1941 wurden bei Staraja-Russa kriegsgefangene Juden vor selbstgeschaufelten Gräbern erschossen. Einer von diesen wurde gezwungen seine Stiefel einem Ukrainer abzugeben, der für Propagandazwecke nach Berlin geschickt werden sollte. In Strümpfen mußte der Gefangene sein Grab schaufeln, sich zur Probe für die Länge u. Breite des Grabes hineinlegen, weiterschaufeln u. als es fertig war, sich wieder hineinlegen u. dann durch Genickschuß getötet. Ausgeführt wurden diese Erschießungen von der Feld-Gendarmerie der SS Totenkopf-Division. [...]
Bei der Notlandung eines russ. Flugzeugs wurden die beiden Insassen die aus der Maschine sprangen, die Hände erhoben u. mit einem weißen Taschentuch in der Hand, von der 1. Komp. des I.R. 3. auf Befehl eines Unteroffiziers Kluge mit M.G.s. erschossen. Beim Stab erregte diese Erschießung deshalb Aufsehen, weil man die vorgefundenen Pläne, Aufzeichnungen u. Dokumente nicht entziffern konnte. Ich war als Dolmetscher zugegen, als der Chef der Abt. I.a. bedauernd aussprach: »Man hätte sie erst vernehmen sollen u. dann ...«
Gefangene die sich bei unserer Einheit befanden, bekamen einige tagelang nichts zu essen, weil sie erst im Lager die für sie zuständige Verpflegung erhalten sollten. Trotzdem es durchaus möglich gewesen wäre sie zu beköstigen, blieb man allen Bitten u. Flehen gegenüber taub, u. ließ sie trotzdem sie z.T. vor der Gefangennahme durch Einkesselung ihres Truppenteils auch schon tagelang nichts gegessen hatten, weiter hungern. Ich, der ich mich mit ihnen verständigen konnte u. ihnen wo ich konnte Brot usw. zusteckte, lief Gefahr beim Erwischen durch die Feld-Gendarmerie zur schweren Bestrafung zu kommen.

Fritz Güntner
Gefr.
11. I.R. 202

Greueltaten der Hitler-Armee!

Am 27. Sept. 1941 lag unsere Kompanie in einem Dorf in der Nähe Kiew. Die Gefechtswagen, die mit Marketenderwaren und Bekleidungsstücken beladen waren, wurden von einem Posten bewacht, dieser verließ in der Nacht seinen Postenbereich und die Wagen wurden bestohlen. Der Komp. Chef ließ 10 angeblich verdächtige Zivilisten verhaften und brachte sie zum Div. Kommandeur der 75 Division, Generalmajor Haase. Nach kurzem Verhör gab Haase den Befehl, die 10 Russen zu erschießen. Von einem S.S.-Mordkommando, einem Leutnant und 2 Unteroffizieren wurden die 10 Russen dann in einer Kiesgrube erschossen. Ich selbst war Augenzeuge dieser gemeinen Tat.
4–5 Tage nach diesem Vorfall stellte sich heraus, daß die Wagen von Angehörigen meiner Kompanie, den Fahrern Arnold Fleiß, Franz Krahn, Paul Knoll, Paul Fleischer, Paul Diek und Gustav Knoll bestohlen waren, die dann die gestohlenen Sachen an einen Händler verkauft hatten. [...]

Rudolf Götz
Marschbataillon 3/III, 76. Division

Im Monat Oktober 1941 war es, als ich, Rudolf Götz, damals Fahrer im Marschbataillon 3/III. frontwärts zog. Damit verknüpfen sich einige Erlebnisse, die mich mit Ekel erfüllen. Es genügte einfach den deutschen Soldatenbestien nicht, wenn die russischen Zivilisten, bei denen Quartier bezogen worden war, Milch und Brot auf den Tisch stellten und sogar ein Huhn schlachteten. Nein, gleich mehreren Hühnern mußte der Halz umgedreht werden oder ein Zielschießen wurde veranstaltet auf die Hühner und gleich ganze Schweine wurden geschlachtet. Mit der Zeit war es dann einfach zur Gewohnheit für diese Schufte geworden, die Wehrlosigkeit der Bevölkerung auszunutzen. Hoffentlich sind diese Räuber heute bereits bestraft und die für solche Schurken bestimmte Kugel hat ihr Ziel erreicht.
Es war in Mitte Oktober 1941, als wir dann in Lubny ankamen. Dort blieben wir zwei Tage. Daselbst geschah folgendes. Auf Befehl waren an die drei Tausend jüdische Männer, Frauen und Kinder aus der näheren Umgebung von Lubny gesammelt worden, die man in Lubny selbst niederschoß. Das ganze Hab und Gut der jüdischen Familien war auf Wagen geladen und wurde auf einer großen Wiesenfläche abgeladen. Nach der Erschießung der Menschen, die bestimmt nicht wußten, weshalb sie erschossen wurden, konnte sich die übrige Bevölkerung und die Soldaten auf das Eigentum und Besitztum der Erschossenen stürzen. Und wieder einmal wurde eine Massenräuberei organisiert.
Vom Marschbataillon aus kam ich dann am 23. November 1941 wieder zur 76. Division. [...]

Alfred Kerst, Uffz.
1./K. 53 der 3. I.D. (mot.)

1) Ich erhebe Anklage gegen den Ortskommandanten von Staraja-Russa, Name unbekannt, auf dessen Befehl in den ersten September-Tagen des Jahres 1941 8 (acht) Einwohner erhängt worden sind. Ich befand mich mit meinem Beifahrer Uffz. Trautmann am 5. oder 6. Sept. 1941 auf der Durchfahrt durch Staraja-Russa, als in der Hauptstraße die erhängten 8 männlichen Personen noch an Balkons und Telegraphenmasten hingen.

2) den Ortskommandanten von Borissow, Name unbekannt, auf dessen Befehl Mitte Oktober 1941 nach Angabe seines eigenen Hauptfeldwebels, Name ebenfalls unbekannt, mehrere tausend jüdische Bewohner von Borissow »beseitigt« worden sind.

Hubert Maier
N.S.K.K. Transport Rgt. Perwomaisk
26. VIII. 42

Ich klage an!
September bis Oktober 1941
Perwomaisk in der Ukraine

Sämtliche Juden des Bezirks (Poltawa-Krementschug) wurden zusammengetrieben. Diese Menschen wurden in ehemaligen Panzerfallen erschossen. Ukrainische Miliz unter Beteiligung Deutscher Eisenbahner vollzogen die Erschießung. Alles auf Befehl des Ukrainischen Polizeichef Hegele. Hegele rühmte sich seiner Tat, der Erschießung von 30 000 Juden. Ein weiterer Übeltäter: N.S.K.K. Scharführer Helmut ... wohnhaft: Düsseldorf/Grafenberg – Graf Reck Str. N.S. Erziehungsheim.
Diese Anklage beruht auf Wahrheit und ich bekräftige dies durch meine Unterschrift.

Gefr. Herbert Büttner
297. Divis. 466. Reg. 2. Komp.

Ich klage an den Sanitätsfeldwebel Karl Klein, Armeekraftfuhrpark/AKP 514, Krankenrevier. Dieser wollte ein russ. Mädchen Vergewaltigen. Als ich nach Hause kam hörte ich schreie. Ich ging ins Haus u. sah wie er mit d. Mädchen im Kampf war. Als er mich sah ließ er von dem Mädchen ab u. sie nach Hause gehn. Einige Tage später mußten 7 Juden aufräumen. Sie arbeiteten nicht schnell genug für ihn. Er ließ alle den Bart u. die Haare vom Kopf halb abschneiden die andere Hälfte blieb stehen so ließ er sie durch die Stadt marschieren. In unserm Quartier wohnte ein alter Mann von 68 Jahren in der Waschküche. Diesen ließ er seine Sachen packen u. mußte ausziehen. Der alte Mann weinte sehr und wollte nicht fortgehen, da er ja kein anderes Quartier hatte. Feldw. Klein schlug ihn u. jagte ihn fort. Der alte Mann fand erst nach 4 Tagen eine Unterkunft. Diese Begebenheiten spielten sich Mitte Oktober u. November in Pawlograd ab.

Ogfr. Hans Meister
Abteilung 903/4. Kolonne
Kraftfahrer
19. August 1943.

Ich klage an – die Ortskommandantur von der Stadt Kursk. Weil sie im November 1941 den Befehl gab aus dem Gefangenenlager von Kursk zirka 15 Russische Kriegsgefangene durch eine SS Truppe mit M.G.s – die die Erschießung ausgeführt hat. Grund zur Tat soll gewesen sein – wegen Beschädigung eines Telephon-Gummikabels. Da der Täter dieser Beschädigung nicht festgestellt werden konnte, so wurden diese Kriegsgefangenen erschoßen.
Ich selbst habe diese Erschoßenen Kriegsgefangenen liegen sehen, sie lagen einige Tage öffentlich, gegenüber des Stadttheaters der Stadt Kursk. Die Erschoßenen hatten sehr viele Einschüße am Kopf, sodaß sehr viele Fleischfetzen an der dort befindlichen Hausmauer zu sehen waren. Man hatte diese Erschoßenen mit Absicht einige Tage liegen laßen, um die Russische Zivilbevölkerung abzuschrecken.

Gefr. Schoula
8./I.R. 610 Div. 202
Postschaffner

Wir lagen Ende November 1941 in Kiew. Dort war ich Augenzeuge von Massenhinrichtungen an Juden durch Erschiessen. Man forderte die Juden auf ihr Bargeld ihre Wertsachen usw. mitzunehmen da sie in ein Lager kommen sollten. Man führte sie dann außerhalb der Stadt in große Gräben, wo sie von der Gestapo gezwungen wurden sich bis auf die Unterwäsche zu entkleiden u. sich in den Gräben aufzustellen. Dann wurden sie mit Maschinenpistolen erschossen. Ein riesiger Gestapo-Offizier trampelte auf den Menschenleibern herum u. wer sich noch regte bekam einen Fangschuß. Es wurden an 120 Menschen, Frauen, Kinder u. Greise auf diese Art getötet.
In Solwitzkaja im September 1941 waren wir auf Selbstverpflegung angewiesen da wir von der Truppe nichts bekommen hatten. Ein Requirierungskommando bestehend aus einem Unteroffizier, (Uffz. Reimann) u. 2 Schützen (Hermann Bischel u. ich), wurden losgeschickt um ein Schwein zu holen. Nirgends aber ließ sich ein Schwein auftreiben. Wir fanden bei einem Bauern einen Ochsen, sein letztes Stück Vieh. Der Uffz. befahl dem Bauern, der ihn weinend bat ihm doch für seine Familie das Letzte zu lassen, den Ochsen herauszugeben u. gab ihm 25.- Rbl. Der ergrimmte Bauer warf das Geld zu Boden, worauf ihn Reimann niederschoß u. liegen ließ, während wir mit dem Ochsen los ziehen mußten. Dem Kompaniechef verlangte der Uffz. Reimann 50.- Rbl. ab, er hatte aber die 25.- Rbl. wieder eingesteckt.
Im September 1941 wurden in Kiew 2 Gestapo-Leute erschossen. Da sich die Täter nach Aufforderung innerhalb von 24 Stunden nicht freiwillig meldeten, wurden als »Vergeltungsmaßnahme« 100 Menschen, in der Hauptsache bessergestellte Juden erschossen. Bei diesen Erschießungen war ich selbst zugegen.

Sold. Heinz Feuer
2./Z.b.V. 500
Bäcker, Leipzig

Ich diente im Rußlandfeldzug bei der Einheit 2. Komp. zur besonderen Verfügung 500. Diese Einheit bestand aus degradierten Offizieren und Unteroffizieren. Ich selbst bin ebenfalls degradierter Unteroffizier u. bekam als solcher in obiger Einheit eine Gruppe. [...]

Als wir Anfang November 1941 in Charkow lagen, wurde dort das Generalstabsquartier durch Partisanen in die Luft gesprengt. Dabei wurde der General u. mehrere Stabsoffiziere der 100. Division getötet. Es wurde ein Ultimatum an die Bevölkerung gestellt, binnen 24 Stunden die schuldigen Partisanen auszuliefern. Als dies nicht geschah, wurden als Vergeltungsmaßnahme 110 Männer u. Frauen auf der Straße an Balkonen, Laternenpfählen usw. aufgehenkt.

Bei Pilpaswoka ungefähr 16 km südl. Slowiansk, kamen wir ohne Unterstützung schwerer Waffen nicht mehr vorwärts. Da solche unserem Bataillon nicht mehr zur Verfügung standen, wurden auf Befehl des Bataillonskommandeurs, ebenfalls einem strafversetzten Offizier aus dem Führer-Hauptquartier, sämtliche Frauen u. Kinder, auch Greise, als Kugelfang vor uns hergetrieben. Es waren ungefähr 800 Personen aus 2 umliegenden Dörfern zusammengetrieben. Von diesen blieben etwa 2 Drittel als Tote u. Verwundete auf dem Schlachtfeld liegen. Wir hörten noch die ganze Nacht das Schreien der Schwerverletzten, durften aber keinerlei Hilfe bringen, da sie angeblich aus Häusern vorher auf uns geschossen hatten.

Gefr. Heinz Humbroich
Eisb. Nachr. Abt. 1/312
Fpn. 33198

Mein Bericht enthält nichts Gehörtes oder Nacherzähltes, sondern beruht auf wahrheitsgetreuer Grundlage.

Mein Bericht:
Ich gehöre seit etwa einem Jahr zu der obigen Einheit und war früher bei einem Armee-Nachr. Rgt. Ich habe an den Feldzügen in Polen, Frankreich und Rußland teilgenommen. Hinter der Front hatte ich oft Gelegenheit, abscheuliche Bestialitäten, die hauptsächlich von SS-Verbänden und Teilen der Feldgendarmerie an der Zivilbevölkerung begangen wurden, zu betrachten. So sah ich schon im Jahre 1941 u. zw. im Monat Dezember, wie einige Feldgendarmen eine größere Anzahl jüdischer Bewohner aus der Gegend von Smolensk ermordeten. Die Unmenschen trieben ihre Opfer an einem riesigen Bombentrichter vorbei. Ich sah, daß Frauen, Kinder und sogar Säuglinge unter ihnen waren. Im Augenblick des Vorbeigehens begannen zwei M.Gs. zu schießen und die unglücklichen Opfer der Mordbestien fielen zum Teil nur verwundet in das entsetzliche Massengrab. Ich sah diesem scheußlichen Verbrechen einen Augenblick zu und mußte mich dann elend abwenden. Ich habe in derselben Gegend noch gesehen, wie Juden ihr eigenes Grab schaufeln mußten, um dann grausam ermordet zu werden. Anfang August dieses Jahres habe ich sehen müssen, wie SS-Verbände der Div. Hausser in der Gegend von Minsk unter dem Vorwand der Partisanenbekämpfung grausam und rücksichtslos zwischen die Zivilbevölkerung schossen.

Obgefr. Karl Frei
1. Komp. Landesschützenbatl. 889
7. August 1943

Bericht!
Über die Behandlung von Rotarmisten in deutscher Kriegsgefangenschaft!

Im Dezember 1941 kam ich mit dem Land.Schützbtl. 889 nach Pleskau. Hauptmann Friedrich Schnattinger von der 1. Komp. erklärte uns, das wir in Kriegsgefangenenlager Pleskau sofort etwas zu tun bekommen.
30 Mann der 1. Komp. darunter auch ich, wurden als Bewachung abgestellt. Im Lager wurden wir einem Leutnant vom Stammpersonal des Lagers unterstellt. Die Lebenslage der Gefangenen im Lager war furchtbar. Die Gefangenen mußten bei 40° Kälte in Erdlöchern bei einer kärglichen Verpflegung von einem Teller Wassersuppe aus verfaulten Kartoffeln leben. Brot wurde keines verabreicht. Die Folge davon war das die Gefangenen bis aufs Skelett abmagerten und täglich 70–80 aus Hunger starben. 4 Gefangene waren dazu eingeteilt, um aus dem Erdlöchern jeden Tag morgens, die Toten herauszutragen und auf den Schlitten zu verladen. Dabei kam es vor, das die Gef. von den Toden Fleischstücke abschnitten. Um dagegen Abhilfe zu schaffen, gab der Leutnant einen Befehl, alle diejenigen Gefangenen zuerschießen die dabei erwischt wurden, und in deren Nähe die Toden mit dem ausgeschnitten Fleischstücken gefunden wurden. Durch diesen Befehl wurden wider täglich 5–6 Rotarmisten als abschreckendes Beispiel erschossen.
Später gingen wir dann mit den Gefangenen in den Wald auf Arbeit, von diesem Zeitpunkt an bekammen nurmehr die Gefangenen zu essen, welche zur Arbeit gingen. Alle anderen, die nicht mehr konnten, ließ man Hungern u. sterben, 5 Mann u. ein Obergfr. hatten je 100 Gefangene in den Wald zur Arbeit zu führen. Beim ersten Ausmarsch hätten uns die Gefangenen die

Zivilisten zertreten, welche am Wege standen und den Gefangenen Brot gaben. Wir mußten den Zivilisten verbieten, selber Brot zugeben, um ein Unglück zu verhüten. Also sammelten wir selber das Brot ein, und verteilten es an die Gefangenen. Die Gefangenen waren schon so schwach, das sie nichtmal mehr gehen konnten. Deshalb mußten sie aus dem Löchern heraus geschlagen werden täglich.

Auf der Arbeitsstätte ließen wir die hälfte beim Feuer und die andere hälfte der Gef. mußte Bäumeschneiden. Die Gef. am Feuer zogen sich die Schuhe aus und hielten ihre Füße zum Feuer. Dabei sah ich bei manchen Gef. furchtbare Sachen. Ihre Füße waren blau und Schwarz, teilweise auch die Zehen abgefroren u. furchtbar von den Läusen zerfressen. Um 16 Uhr sollten wir wider in das Lager zurück, hier kam aber das schreckliche. Von den Gef. am Feuer rührten sich 10–15 Mann nichtmehr. Sie waren vom leiden erlöst und tod. Die anderen die noch lebten, aber nicht mehr gehen konnten, mußten mitgeschleppt werden. Auf der Straße angekommen, hielten wir Schlitten an, um so mit dem ganz schwachen, ins Lager zukommen. Beladene Schlitten konnten wir nicht anhalten den diese wären geplünndert worden.

Am nächsten Tag gab der Leutnant den Befehl jene die nicht mehr gehen können, nichtmehr ins Lager zurückschleppen, nicht viel Geschichten machen und im Walde gleich zu erschießen. Viele der Gefangenen baten sogar selbst darum erschossen zuwerden, den sie konnten die Qualen nichtmehr aushalten.

Am anderen Tag mußten wir mit den Gef. durch ein Dorf vorbei. Die Gef. baten die Einwohner um Esswaren. Eine Frau ließ sich herbei und wollte ihnen Brot geben, sofort stürzten sich die ganzen Gef. auf die Frau! Wän wir nicht eingeschritten wären, hätte die hungrige Masse diese Frau zu Tode getreten. Bis zum einrücken ins Lager waren wider einige gestorben. Die Anderen die nichtmehr gehen konnten, wurden von Obgfr. Wernheimer und noch 2 Kameraden erschossen.

So ging es täglich weiter, mit 100 Gefangenen rückten wir jeden morgen aus und mit 60–70 Gef. kamen wir zurück ins Lager. Also blieben täglich 30–40 verhungerte oder erschossene Gef. im Walde Tod zurück. 3 Monate hindurch war täglich dasselbe. Von den 5000 Gefangenen blieben bis zu dem Zeitpunkt wo wir abgelöst wurden, zirka 500–600 übrig. Wegen Verlaussung und Fleckfieber, wurde dann unsere Wachmannschaft von diesem Lager abgelöst. Ich und andere Kameraden, von der Wachmannschaft kamen in eine Quarantene.

Wenn ich heute noch an diese schreckliche Zeit zurück denke, kommt mir noch das Grauen.

Wenn der Obgefr. Wernheimer und die beiden anderen Kam. die Gefangenen erschossen, gingen wir 3 Kameraden u. die Gruppenführer der Wachmannschaft weiter weck, den ich, und die andern Kameraden konnten diese furchtbaren Szenen nicht mit ansehen. Wir hatten noch keinen Menschen erschossen, und wanden uns mit Grauen immer ab.

O.Gefr. Franz Wesskallnies
I.R.336/161. I.D.
Ebenrode, Ostpr.

So werden gefangene Rotarmisten behandelt.

Bei meinem Heimatort Ebenrode in Ostpreußen, im Dorfe Petrikatschen, befindet sich ein Kriegsgefangenenlager. Im Dezember 1941 kam ein Transport von mehreren hundert gefangenen Rotarmisten an. Sie waren bei 18° Kälte teilweise in offenen Waggons transportiert worden. Der Rangierer Wilhelm Sawitzki aus Ebenrode erzählte mir davon folgende Einzelheiten, deren Augenzeuge er geworden war. Die Waggons waren so überfüllt, dass die Gefangenen sich nicht niederlegen konnten. Sie sagten aus, dass sie sechs Tage keine Verpflegung bekommen hatten. Sie waren so hungrig und durstig, dass sie, als sie ausgeladen wurden, Schnee und Wagenschmiere von den Rädern der Waggons aßen. Als die Waggontüren geöffnet wurden, fielen ganze Haufen von Kot heraus. In jedem Waggon befanden sich Leichen von Rotarmisten, die während des Transportes gestorben waren, mehrere Lastwagen waren nötig, die Leichen wegzufahren. Im Lager waren für die angekommenen Gefangenen zunächst keine Unterkünfte bereit, so dass die Rotarmisten genötigt waren, Erdlöcher zu graben, um notdürftig vor der Kälte geschützt zu sein.
Von den 25 000 Gefangenen starben die meisten an Hunger und Flecktyphus, so dass schließlich nur noch etwa 1000 Mann übrig blieben. Diese Vorgänge erregten bei dem Eisenbahnpersonal und der Zivilbevölkerung des Ortes große Empörung.

Gefreiter Alfred Scholz
15. August 1943

Ich Kriegsgefangener Alfred Scholz II/A.R. 11, 11. Div. klage den Generalleutnant Bäckmann, Kommandeur der 11. Infanterie Division, wohnhaft in Königsberg-Ostpreußen an, weil auf seinen Befehl vom Dezember 1941 viele sowjetrussische Ortschaften, darunter mir bekannt die Ortschaften: Salesje, Chotovo, Kriwaschi, Andrejewo, Bor und Tuchany, sämtliche im östlichen Gebiet von Leningrad gelegen, systematisch bei dem Rückzug der 11. Inf.Division im Dezember 1941 niedergebrannt wurden und dadurch die in diesen Ortschaften wohnenden Zivilpersonen erbarmungslos der grimmigen Kälte von mehr als 30–40° ausgesetzt waren. Ich selbst sah russische Frauen und Kinder erfroren im Schnee liegen. Dies ist ein riesiges Verbrechen an der russischen Zivilbevölkerung. Niedergebrannt wurden die Ortschaften von dem Pionierbatl. der 11. Division.
Diese Tatsache kann der Wachtmeister Erich Prasmo vom II/A.R. 11 ebenfalls in Kriegsgefangenschaft Lager 165 bezeugen.

O.Gefr. Wilhelm Göbel
Stab II/IR 215 78 I.D.
Brombach b. Lörrach/Baden

Vernichtung russ. Dörfer auf dem Rückzug der Hitlertruppen im Jahre 1941/42.

Meine Division, die 78. I.D. mit dem Regt. 215, 195 und 14, war 1941 in der Schlacht um Moskau, bis einige km vor Swenigerod gekommen. Wir konnten hier unsere Stellungen halten bis zum 15. Dez. An diesem Tage begann für uns der Rückzug, weil die Rote-Armee meiner Div. bereits im Rücken stand. Der Rückzug dauerte für uns bis zum 18. Dezember und führte uns nach Rusa. Etwa 60 km westl. Moskau. Hier gingen wir wieder in Stellung. [...] Am 12.1.42 erhielt mein Regt. den Befehl, für den weiteren Rückzug, bei dem mein Batl. die erste Auffanglinie bilden sollte, in den Ortschaften: Rawschina, Dolginino 3 km nördl. Moshaisk.
Beim Unterziehen in diesen Ortschaften wurden wir deutschen Soldaten von der Zivilbevölkerung gastfreundlich aufgenommen. Sie machte unsere schmutzige Unterwäsche sauber, putzte unsere Stiefel und kochte uns Kartoffeln. In der Zwischenzeit war auf dem Batl.Gef.St. der Befehl eingetroffen, dass am Abend des 15.1.42 der Rückzug beginnen sollte. Mit diesem Befehl war ein weiterer Befehl eingetroffen, dass beim Rückzug sämtliche Ortschaften niedergebrannt werden sollten, sowie sämtl. Brunnen versäucht. Bei einem Gespräch auf dem Batl.Gef.Std. erinnerte sich selbst unser Kommandeur Major Käther, dass er mit dieser sinnlosen Zerstörung nicht einverstanden sei, aber Befehl ist halt Befehl und so ging es auch uns Soldaten. Wir waren zum sturen Gehorsam erzogen.
Es erhielt nun jede Nachhut den Auftrag, dass sie bei ihrem Abgang die Ortschaften niederzubrennen hat. Die Vorbereitungen wurden bereits schon von den Kompanien getroffen, und zwar folgendermassen: sämtliche Scheiben wurden einfach ein-

geschlagen, weiterhin wurde Kleinholz gemacht, damit die Brandkommandos leichteres Arbeiten hatten. Es mussten sogar Streichhölzer an die Kommandos abgegeben werden. Der Uffz. Müller 7./215 erhielt sogar einen sehr strengen Verweis, weil er die Ortschaft Dolginino nicht restlos niederbrannte. Und warum brannte er sie nicht restlos nieder? weil ihm das Wehgeschrei und das Gejammer zu stark zu Herzen ging.
Abends war es ein furchtbarer Anblick, wenn der ganze Horizont rot war vom Feuerschein der brennenden Ortschaften. Man muss bei dieser sinnlosen Zerstörung noch bedenken, dass doch gerade um diese Zeit die grösste Kälte herrschte, und die Bevölkerung somit restlos der Kälte preisgegeben wurde.
Es wurden so sämtliche Ortschaften zwischen Rusa und Gshatsk sinnlos zerstört. Dies geschah alles im Dez. und Januar 1941/42.
Der Kommandeur des I.R. II./215 war Major Käther, jetzt Oberstltnt. und Regt.Kdr. des I.R. 14.
Chef 5. Kp. Hauptm. Dowerk
" 6. " Oberltnt. Kienzle jetzt Hauptm.
" 7. " " Spiess
" 8. " " Stöhrer
Ich glaube daher auch ganz bestimmt, dass das Dokument des sowjetischen Informationsbüros, über die Zerstörungen in Rostow der vollen Wahrheit entspricht.

Gefreiter Willi Schadt
3./K.29, 29. I.D. (mot.)
10.4.43

1.) Im Januar 1942, als die 3. Komp. auf Gefechtsvorposten war, an der Sucha bei der Stadt Mzensk, wurde ein verwundeter, russ. Infanterist gefangengenommen. Der Oberfeldwebel Sauer, der 3. Komp. gab dem Unteroffizier Footen den Befehl den Gefangenen zu erschiessen, da er uns lästig sei. Der Oberfeldwebel Sauer machte sich noch sehr lustig darüber.

2.) Im Juni 1941 erschoss der Unteroffizier Fettenborn, 3. Komp. K.29 15 Zivilisten bei Brest-Litowsk, aus dem Grunde, weil, wie er sagte, mit den roten Schweinen nichts anfangen könnte. Die Zivilisten waren unbewaffnet und mussten erst ihr Grab schaufeln.

Kurt Kollwitz, Obergefreiter
3. Pz.Jg.Abtlg. 173, 73 I.D.
14.4.43

Ich wurde am 2.1.42 auf der Krim gefangen und habe folgende Grausamkeit, die die Hitlerarmee begangen hat, gesehen. In der Stadt Kertsch, die 40 000 Einwohner zählt, sind 7000 Frauen, Kinder und Greise erschossen worden. Die Erschießung ging nach Aussagen von Sowjetbürgern so vor. An einem morgen wurden von der SS die Bewohner laut Liste im Stadtzentrum zusammengeschleppt und aus der Stadt geführt. An einer Stelle wurde den Zivilisten alle Wertsachen abgenommen auch warme Bekleidungsstücke. Danach mußten sie einen Graben ca 20 m lang und 2 m breit und 4 m tief ausheben und danach mußten sie sich in einer Reihe, ganz gleich ob Frauen oder Kinder, aufstellen mit dem Gesicht dem Graben zu und die SS schoß mit der M.Pi. die Menschen von hinten nieder. Die zweite Reihe mußte die Vorgänger mit Sand überwerfen und so bis der Graben voll war. Die übrigen wurden einfach so wie sie standen erschossen. Zwei Frauen die nicht tödlich getroffen waren haben sich bei Nacht aus dem Graben herausgearbeitet und sind geflüchtet.

Sold. Joh. Schmidt
327. I.D., Art.Rgt. 327, 7. Battr.
Fpn. 28336 B

Mein Bericht enthält nichts Gehörtes oder Nacherzähltes, sondern beruht auf wahrheitsgetreuer Grundlage.

Mein Bericht:
Ich bin mit meiner Einheit, der 73. I.D. Ende Juni 1941 in Sowjetrußland eingerückt. Nachdem ich mit dieser Einheit verschiedentlich an der Front eingesetzt war, kam ich mit dieser Einh. im November 1941 nach Taganrog. In dieser Stadt lag außerdem eine SS-Einheit, d. h. Teile der SS-Divisionen »Wiking« und »Adolf Hitler«. Im Dezember 1941 und im Januar 1942 habe ich zu meiner Empörung feststellen müssen, daß die gen. SS-Verbände systematisch und bestialisch Massenmord an der Zivilbevölkerung verübten. Besonders handelte es sich um jüdische Einwohner aus Taganrog, die den Mordbestien zum Opfer fielen: Ich konnte sehen, wie hunderte von jüdischen Zivilisten mit Fußtritten und Kolbenschlägen zusammengetrieben wurden. Es kam zu entsetzlichen Szenen. Frauen, die ihre Kinder auf den Armen trugen, und die baten, das unschuldige Leben dieser Kleinen zu schonen, wurden erbarmungslos und z. Teil mit Fußtritten in die Masse der Todgeweihten zurückgestoßen. Andere Zivilisten hatten schon ein riesiges Grab ausgehoben, vor dem die armen Opfer zusammengetrieben wurden. Die M.Gs. begannen zu schießen, und ich sah noch, wie die Opfer zusammenbrachen. Dieses entsetzliche Bild und der Jammer war zuviel für meine Nerven. Ich mußte mich abwenden. [...]

Karl Blayel
20. April 1943

Ich, Karl Blayel, geb. 16.6.07 in Oelsnitz i. Erzg., habe bei einer Sanitätskompanie 1/542 meinen Dienst in der deutschen Armee als Lastkraftwagenführer geleistet.
Seit Anfang des Rußlandfeldzuges habe ich folgende Untaten beigewohnt, von die ich will berichten. Man sollte es kaum glauben, daß die Zustände jetzt im 20. Jahrhundert noch vorkommen wie hier bei der Massenschlächterei in den Russischen groß und kleinen Städten. Und doch nur von einem blutdurstigen Mann wie Hitler angestellt. Fälle, die ich selbst erlebt habe, will ich hier kurz schildern.
Am 28.6.41 überschritt ich mit meiner Einheit den Bug. Es war ein reiner Überfall auf Sowjetrußland, dadurch ging es ziemlich schnell vorwärts. Bald standen wir vor der Stadt Luck und machten wir eine Woche lang in einem Lazarett unseren Dienst. Es war Anfang Juli da kam der hirnverbrande Befehl von Hitler man soll in sämtlichen russischen und auch polnischen Städten Massenschlächtereien von der Zivilbevölkerung durchführen. Wie ich feststellen konnte, waren es in Luck durch Erschießungen 13 000 (dreizehntausend) Mann, aber nicht nur Männer, nein auch wehrlose Frauen, Kinder, Greise und Kranke und schwangere Frauen alles wurde niedergemetzelt. Es ist sogar die Erde auf halb lebende Menschen geworfen worden. Man kann es kaum wiedergeben, wie die Henkersknechte mit Blut bespritzt aussahen. Und das alles ist von der S.S. und Feldpolizei abwechselnd erledigt worden.
Mitte Juli gingen wir nach Boromel ein Dorf 40 km südöstlich von Luck. Dort wurden auch etliche (bis 30 Mann) erschossen. Es waren meistens junge Mädels die früher bei meiner Einheit zur Arbeit gezwungen und dann erschossen wurden.
Im August gingen wir über Rowno der Eisenbahn nach lang in eine Stadt Zwiahel 70 km westlich von Schitomir. Alle Städte die wir durchzogen waren die Massenmörder bei der Arbeit. In

Zwiahel hatte ich wieder Gelegenheit mitzuerleben wie die Leute mit Lastwagen von den Straßen wie die Hunde weggenommen wurden. Sie wurden eine Nacht in einem Schuppen ohne Essen und Trinken eingesperrt. Am anderen Tage wurden sie in Gruppen von 30 Mann erschossen.
Geld, Wertsachen und gute Kleidungsstücke mußten vorher abgelegt werden. Ich habe selbst gesehen wie man eine ganz schwerkranke Frau auf einer Trage gebracht, ins Loch hineingeworfen und ihr nachgeschossen. Man hat auch die Säuglinge aus der Mutter Hände weggerissen, ins Loch geworfen und niedergeschossen. Die Zahl der Opfer war zirka 3000 Mann. Auch hier wurde nicht darauf geachtet, ob es Frau, Kinder, Greise oder kranke Menschen waren. Noch auf halb lebende Menschen wurde die Erde geschüttet. Sogar etliche von der Polizei sagten aus, der muß doch nicht bei Sinnen sein solche Mördereien anzustellen.
In dieser Zeit habe ich ein Befehl bekommen Verpflegung von Zwiahel nach Schitomir mit meinem Lastwagen zu holen. Und auch hier in Schitomir hab ich fest gestellt, das die Massenmörder Hitlers eine große Zahl der Zivilbevölkerung niedergeschlachtet haben. Es waren so ungefähr damals in Schitomir 9000 getötet. Die Mörderbande ging von einer Stadt zur anderen.
Im Oktober–November gingen wir über Poltawa nach Charkow. Hier in Charkow wurden die armen Leute Ihrem Schicksal im Januar 1942 besiegelt. Aber zum erschießen kam es hier nicht. Sie trieben Männer, Frauen und Kinder in Gruppen zu 200 Mann auf Minen. Was nicht von den Minen getötet wurde wie auch die Verwundeten hat man mit Teer und Benzin begossen und angebrannt. Die Zahl in solche Weise in Charkow ermordeten Menschen rechnet man von 18 000–20 000.
Und so ging es in jeder Stadt von Rußland von einem kaltblütigen Mörder Hitler angestiftet. Auch wurden aus Charkow große Transporte mit Zivilleute nach Deutschland weggebracht wurden. Diese Leute wurden teilweise unter trügerischen Versprechungen und teilsweise mit Zwang an die Transporte ange-

schlossen. Viel wert wird kaum angelegt worden sein, ob die armen Leute lebend oder tot in Deutschland angekommen seien. Meine Parole ist weiter kein Weg und nieder mit Hitler und für ein freies Deutschland.

Hanno Heintze
3./Pi. 110. I.D.

Am 28.7.41. wurde unsere Kompanie 8 km südwestlich von Nevel an der Mittelfront aus einer Ortschaft beschossen. 7 Tote und 11 Verwundete erlitt meine Kompanie an Ausfällen. Nachdem die Ortschaft genommen worden war, und etwa 180 Gefangene gemacht wurden, griff unser Kompanieführer Oberleutnant Barnickel aus Berlin willkürlich 70 Gefangene aus der Menge heraus und liess sie erschiessen. Er bemerkte dabei: »Eigentlich sind 10 Russen noch viel zu wenig, um einen meiner Soldaten aufzuwiegen.« Er war Kompaniechef der 3./Pi. 110. I.D. Er fiel am 16.8.41 an der Mittelfront.
Unser Pionierbataillon 110 I.D. vernichtete durch Anlegen von Feuer, in der Zeit vom 11.12.41–20.1.42. 21 russische Ortschaften und zwar auf dem Rückzug von Kalinin bis vor Rshew. Das Kommando führte der Kommandeur Major Salzenberg aus Hamburg. Er trieb die Soldaten bei der Vorbereitung der Brandherde an und beteiligte sich persönlich daran. Am 22.2.42. wurde er mit Erfrierungen am linken Fuss nach Deutschland zurückgeschickt.

Ich Klage an! 41.) 25. B

Den Kommandierenden General Heinrici führer von A.O.K. 4 sein Generalstab Chef Oberst Bernuht.
Mit Ihrem Befehl wurden 10–15 Ortschaften in der Zeit ende Januar mitte Februar 1942 um Spass Demensk Vb niedergebrannt, nur einige Häuser blieben stehen für alte Leute u. kleine Kinder. Die übrigen Einwohner kamen in Richtung Roslawl weg! Sämtliche Nahrungsmittel, Bekleidungsstücke u. Vieh kamen zum Stab. A.O.K. 4 Diese Aktion wurde durchgeführt weil angeblich Partisanen dort waren. Ausführendes Organ Wachkompanie des A.O.K. 4 Führung Hauptmann Schwarz. Dies kann ich bezeugen u. bestätige es durch meine Unterschrift da ich zu dieser Zeit beim Stab A.O.K. 4 kommandiert war.

Den 19. August 1943 Uffz. Arnold Hermann
2. Batterie S.S. Art. Abt 436. 8. Gruppe

Uffz. Arnold Hermann
2. Batterie s.s. Art. Abt. 736
19. August 1943

Ich klage an!
Den Kommandierenden General Heinrici Führer von A.O.K. 4 sein Generalstab Chef Oberst Bernuht.
Auf Ihrem Befehl wurden 10–15 Ortschaften in der Zeit ende Januar mitte Februar 1942 um Spass-Demjansk niedergebrannt nur einige Häuser blieben stehen für alte Leute u. kleine Kinder. Die übrigen Einwohner kamen in Richtung Roslawel weg. Sämtliche Nahrungsmittel, Bekleidungsstücke u. Vieh kamen zum Stab. A.O.K. 4 Diese Aktion wurde durchgeführt weil angeblich Partisanen dort waren. Ausführendes Organ Wachkompanie des A.O.K. 4 Führung Hauptmann Schwarz. Dies kann ich bezeugen u. bestätige es durch meine Unterschrift, da ich zu dieser Zeit beim Stab A.O.K. 4 kommandiert war.

Walter Pfeifer
12./I.R. 31/24. I.D.

Ich klage an:
Den Kompaniechef Obltn. Neubert von 12./I.R. 31/24. I.D. und den Bataill.-Kdr. Hauptmann Maier 3. Btl./I.R. 31/24. I.D. folgende Verbrechen begangen zu haben:
Bei einem Gefangenentransport gab Hptm. Maier den Befehl sämtliche Juden zu erschießen. Die Durchführung des Befehls übernahm Obltn. Neubert. So sind innerhalb 4 Wochen ca. 3000 Rotarmisten erschossen worden. Mit eigenen Augen habe ich gesehen wie Neubert an einem Tage 80 Juden erschoß. Diese Ermordungen wurden im Februar 1942 im Dnjepropetrowsker Gebiet durchgeführt.

Johannes Konradi, Gefr.
2./Pi. Btl. 216

Bericht über die Greueltaten der deutschen Armee insbesondere des Hauptfeldwebels Willi Schulz.

Mitte Januar 1942 mußte die 2. Komp. Pionier-Btl. 216 den Ort Jakolewka, der bis zur letzten Patrone gehalten werden sollte, der Roten Armee überlassen. Beim Rückzug gab Leutnant Mehring als Komp.Führer den Befehl, alles niederzubrennen. Der Btl.Kommandeur tobte, weil wir den Ort verloren hatten und befahl ihn zurückzuerobern. Die 1. Komp. Pion.Btl. 216 sowie eine Komp. Luftlandetruppen holten den Ort wieder zurück, die 2. Kp. mußte ihn erneut besetzt halten. Weil alles abgebrannt war, bauten wir uns behelfsmäßige Unterkünfte. Als Angehöriger des Komp.Trupps konnte ich sehr gut sehen und hören was vorging. Bei der Rückeroberung des Ortes hatten die Korpsluftlandetruppen, die immer an den kritischen Punkten der Front eingesetzt wurden, unheimlich gehaust. Sie schonten auch die Zivilbevölkerung nicht, und unter dem Vorwand gegen »Partisanen« vorgegangen zu sein, hatten sie diese regelrecht abgeschlachtet. So sah ich in einem der niedergebrannten Häuser circa 20 Frauen, Kinder und Säuglinge liegen, in die man Handgranaten geworfen hatte. Einige waren tot, andere hatten ihre schweren Verwundungen mit zerrissenen Hemden und Stoffresten verbunden. In der Kälte von circa 35° wimmerten sie leise. Als ich dieses beim Kompanie-Gefechtsstand meldete, sagte man nur: »Man muß sie wegschaffen.« Als ich später von einer Meldefahrt zurückkam, waren sie »weggeschafft«. Was noch gelebt hatte, war einfach erschossen worden.
Acht Tage hatten wir den Ort schon besetzt, da fanden einige Soldaten in einer Erdhöhle eine Frau mit ihrer Tochter. Im Komp.Gefechtsstand erzählte sie, aus Angst hätten sie sich versteckt und in dieser Zeit von Schnee und Getreide gelebt. Man wies sie in ein Nachbardorf, wo die anderen Frauen waren. Als

sie sich einige Meter entfernt hatten, wurden sie von dem Hauptfeldwebel Willi Schulz, einem Nazi aus Magdeburg erschossen. Dieser Rohling wollte so seine M.P. (Maschinenpistole) einschießen, weil er während des Gefechts zu feige dazu war. Erst streckte er die Mutter nieder, dann das Mädel, das verzweifelt nach der Mutter schrie.
Genau so verfuhr er mit einem alten Mann, der für den Komp.Gefechtsstand Holz hackte. Auch diesen Mann schickte Schulz fort und jagte ihm nach wenigen Schritten mehrere Schüsse in den Hinterkopf. – Nach einem Gefecht wurden 5 Rotarmisten gebracht und verhört. Ich mußte eine wichtige Meldung fortbringen und konnte nicht dabei sein. Als ich zurückkam, sagte mir Schulz: »Bring den Gefangenen zum Stab.« Auf meine Frage nach den anderen vieren, antwortete Schulz: »Die habe ich umgelegt, immer einen nach dem anderen, damit der eine sieht, wie der andere krepiert, denn sie haben uns angelogen. Ihre Aussagen stimmten nicht überein.«
Nachdem wir neun Tage in Jakolewka waren, brachte man einen Jungen und ein Mädel, die auch in Erdlöchern versteckt von Getreide und Schnee gelebt hatten. Ihre Eltern waren erschossen worden, das Mädel dabei verwundet worden. Der Sanitäter verband das Mädel. Dann verlor ich die beiden Kinder aus den Augen. Die Frauen und Männer aus dem 3 km zurückliegenden Sanosnaja, die die toten Menschen und Tiere wegschaffen mußten, werden noch mehr gesehen haben. Auch die Jungen und Mädel, die Holz für den Komp. Gefechtsstand sägen und die dann noch Getreide suchen durften, das wir ihnen abends in ihren Ort brachten, können Näheres berichten. Am 22. Februar 1942 wurde ich dann auf dem Wege Jakolewka–Sanosnaja gefangen genommen.
Meine Gedanken kann man sich vorstellen, nach allem, was ich in der Faschistischen Armee erlebt habe. Ich habe gesehen, wie man das russische Volk vernichten wollte, das nur seine Freiheit verteidigt und faschistische Räuber und Mörder aus seinem Lande verjagt. So stehe ich wie jeder ehrliche und anständige

Mensch auf der Seite des Sowjet-Volkes, so bin ich bereit, Schulter an Schulter mit der Roten Armee zu kämpfen, bis der Faschismus vernichtet ist.

August Bellersheim
12/336 I.D. 161
15. April 1943

Am 28. Februar 1942 hatten wir während der Fahrt an die Front einen mehrstündigen Aufenthalt in Baranowitschi. Wir hörten Gewehrschüsse. Neugierig gingen ein Kamarad und ich in diese Richtung. In einem Graben von ungefähr 300 Meter Länge und 25 Meter Breite und 10 Meter Tiefe lagen schätzungsweise zweitausend erschossene Juden. In Abständen von 5 Minuten kamen immer wieder 5 LKW Autos voll Juden, darunter befanden sich auch Tote. Landpolizisten trieben die Juden unter kräftigen Schlägen in den Graben. 10 Scharfschützen schossen nun in die Masse hinein. Niemand, vom Wickelkind bis zum Greis, wurde verschont. Zwei Jungens von 10–12 Jahren mussten die Toten zum Graben schleifen, dann sich selbst an den Rand des Grabens knien, wo sie erschossen wurden. An diesem Tag wurden 5000 Juden erschossen.

Jonny Schönfeldt, Uffz.
R. 48. 12. I.D.
Lager 165 den 18.8.1943

[...] Ich erhebe daher Anklage gegen den Generalmajor von Lützow, Kommandeur der 12. I.D. 2. A.K. 16. Armee, wohnhaft in Schwerin. Der am 17. März 1942 noch in seiner Eigenschaft als Regimentskommandeur des I.R. 89 12. I.D. den Befehl gab: Die große Ortschaft Molwotizy (bei Demjanks) abzubrennen, nachdem die Deutschen Truppen sich zurückgezogen haben. Die Einheiten des I.R. 48, I.R. 89 und I.R. 27 stellen für diese Maßnahme Brandkommandos ab, die jedoch der Bevölkerung gegenüber keinerlei Andeutungen machen durften.
In Molwotizy-Nord führte diese Aufgabe der Kompanieführer Leutnant Sonnenberg 24 Jahre alt Berufssoldat aus Strelitz (Meklenburg) mit dem Feldwebel Busse, Berufssoldat 26 Jahre alt, durch. Hier wurde die Bevölkerung auf die Straße getrieben die Häuser angezündet, obwohl noch Kranke und alte Zivilpersonen sich in den Gebäuden befanden. Das größte Verbrechen wurde jedoch an den verwundeten und verhungerten Sowjet-Kriegsgefangenen (die in der Gefangenschaft buchstäblich verhungerten) begangen. An die 150–180 Sowjet-Kriegsgefangenen wurden bestialisch dem Flammentod preisgegeben. Einige die sich, trotz Verwundung und Hunger bis zum Ausgang der Schule schleppten, wurden durch Handgranaten getötet. Von den Mannschaften tat sich besonders der Unteroffizier von Hassel hervor der verwundete Sowjet-Kriegsgefangene aus seiner M.P. zu Boden streckte. Die Bevölkerung selber verblieb tagelang in der größten Kälte ohne Obdach, Lebensmittel der Willkür dieser Brandkommandos ausgesetzt, bis die Rote-Armee sie von diesen Bestien in Menschengestalt befreite. [...]

Werner Valentin
Luftw. Bau-Batl. 4/3 II. Komp.
Feldpost Nr. 19673
20.8.43

Ich klage an:
Den Oberleutnant Pieper von einer Luftwaffeneinheit. Vorgang: Im April 1942 wurde in Epaslipki, etwa 25 km nördlich von Smolensk aus verschiedenen Truppenteilen eine Gruppe zur Partisanenbekämpfung zusammengestellt. Die Stärke betrug etwa 140 Mann, Führer war der Oblt. Pieper von der Luftwaffeneinheit. Dieser Oberlt. Pieper hatte sich schon vorher speziell mit der Partisanenbekämpfung befaßt und galt daher als Spezialist auf diesem Gebiet. Am 20. April 1942 verließen wir unsern Ort und erreichten nach 3tägigem Marsch in nördlicher Richtung den Ort Pobresensk, etwa 35 km nördlich Smolensk. Während dieses Marsches hatte der Oblt. Pieper innerhalb unserer Gruppe ein Requirierungskomando organisiert, das sich mit Ausplündern der Dörfer und dem Organisieren von Lebensmitteln, Hühner, Gänse usw. zu beschäftigen hatte. Ein großer Teil dieser gestohlenen Lebensmittel sollte nach Rückkehr in den Standort bei Oblt. Pieper abgeliefert werden.
Während dieses Marsches wurden wir wiederholt in kleinere Gefechte mit Partisanen verwickelt, wobei auch verwundete Partisanen gefangen genommen wurden. Diese Verwundete wurden, ohne daß man ihnen die geringste Hilfe zuteil werden ließ, auf die Fahrzeuge geladen und mitgeführt. Am 23. April verließ unsere Gruppe das Dorf Pobresensk, als wir nach etwa 3 km von den Partisanen mit Feuer empfangen wurden, mußten wir uns wieder nach Pobresensk zurückziehen. In Pobresensk organisierte nun der Oblt. Pieper die gesamte Bevölkerung und ließ sie als Schutz für unseren abzug als Kugelfang vor uns hermarschieren.
Der erfolg war fürchterlich. Die Partisanen die auf jeden Fall unser entkommen verhindern wollten, eröffneten ohne rück-

sicht auf die zivile Bevölkerung das Feuer. Frauen, Kinder, Männer und Greise, die dieser schurkische Oberleutnant in seinem teuflischen Plan vor sich getrieben hatte, wurden ein Opfer der Kugeln ihrer eigenen Landsleute. Kindergeschrei und das geheule und klagen der Frauen erfüllte die Luft.
In dieses Morden hinein gab der verbrecherische Oblt. Pieper noch den Befehl, die gefangenen verwundeten Partisanen zu erschießen und ließ gleichzeitig zur Rückendeckung durch ein Komando die Häuser des Dorfes anstecken. Das halbe Dorf wurde so mit in Schutt und Asche gelegt. Während unsere Gruppe vollständig aufgerieben wurde, gelang es diesem Schurken, Oblt. Pieper trotz zweimaliger Verwundung, noch zu entkommen.

Obergefr. Hans Tibes
2. Komp. Inf.Rgt. 105, 72. Inf.Div.
Hilfsmeister, Urmitz b/Koblenz, Bhf.
Rheinstrasse 28
15. April 1943

An die Sowjet-Regierung, Volkskommissariat für auswärtige Angelegenheiten d. U.d.S.S.R.
Herrn W. M. Molotow

In dem Kriegsgefangenenlager, wo ich mich zur Zeit befinde, las ich die Note des Volkskommissars für auswärtige Angelegenheiten der U.d.S.S.R., Herrn W. M. Molotow vom 27. April 1942. Da ich bei meiner Truppe gezwungen war, selbst solche Verbrechen und Greuel mit ansehen zu müssen, halte ich mich verpflichtet, dieselben der breiten Öffentlichkeit mitzuteilen.
Unser Regiment nahm Anfang des Monats November 1941 das Fort Balaklawa bei Sewastopol in Besitz, wobei eine grössere Anzahl sowjetischer Gefangene gemacht wurden. Ein Teil dieser Gefangenen wurde durch unser Regiment zur Arbeit verwandt. 80 Gefangene sollten zu Fuss nach Simferopol, das etwa 140 km zurück gelegen ist, transportiert werden. Der Regiments-Kommandeur unseres Inf. Rgt.105, 72. I.D.,Oberst Müller, Friedrich Wilhelm gab 2 Soldaten des 2. Batl. (Namen sind mir nicht bekannt) den Befehl, diesen Transport durchzuführen, jedoch innerhalb von 24 Stunden wieder zurück zur Truppe zu sein, widrigenfalls sie vor das Kriegsgericht gestellt werden. Jeder von uns wusste, dass dieser Befehl unmöglich durchzuführen ist. Unsere Offiziere liessen im Gespräch mit diesen beiden Soldaten durchblicken, dass ihnen kein anderer Weg bleibt, als diese 80 Gefangenen in den Wald zu führen und zu erschiessen. Wie diese zwei Soldaten uns später mitteilten, wurde von ihnen der Befehl auch dementsprechend durchgeführt und sie waren noch vor Ablauf der 24 stündigen Frist zurückgekehrt.
Ende Dezember 1941 sahen ich und die Kameraden Beck Hans,

Kaluschka, Alfred, Pfeifer Willi, Juche Eduard meines Truppenteils der 2. Komp. I.R. 105, 72. I.Div., als wir mit einem Pferdegespann von Kertsch kommend nach einem Dorfe fuhren, in einer Grube, etwa 8 km von Kertsch entfernt, ca. 250 Leichen erschossener Kinder liegen. Von unseren Offizieren, Oberst Müller, Friedrich Wilhelm, Hauptmann Nitsche und Leutnant Klos, denen wir diesen Vorfall mitteilten wurde uns erklärt, dieses seien spanische Kinder die von den Sowjet-Truppen erschossen wurden. Wir erkannten jedoch an dem Aussehen dieser Kinder, dass es sich um russische Kinder handelt.
Nach der Zurückeroberung der Stadt Jewpatoria durch unser Inf. Rgt. 105, 72. I.D. wurde von unserem Regimentskommandeur Oberst Müller, Friedrich Wilhelm, ein Befehl herausgegeben, indem gesagt wurde, dass die Sowjet-Truppen nur durch die Mitwirkung der Zivilbevölkerung landen konnten. Deshalb ist rücksichtslos gegen dieselben vorzugehen und es darf keinerlei Rücksicht auf Frauen, Kinder und Greise genommen werden. Dieser Befehl wurde bei uns in der 2. Komp. durch unseren Kompanieführer Leutnant Ratschke verlesen und erleutert. Infolge dieses Befehls wurde durch unser Regiment in Jewpatoria ein wahres Blutbad durchgeführt. Ich selbst war bei der Zurückeroberung der Stadt durch unser Regiment Zeuge folgenden Vorfalls:
In dem Keller eines Hauses der Stadt befanden sich männliche und weibliche Sowjet Bürger. Diese Personen wurden von Soldaten meiner Kompanie aus dem Keller herausgetrieben und unter Führung unseres Kompanieführers, Leutnant Ratschke, sofort auf der Strasse restlos erschossen. Die Leichen blieben auf der Strasse liegen. Bei diesem Masakker hat sich Unteroffizier Bernhard, der 2. Kompanie meines Regiments, besonders hervor getan.
Meine Kameraden Beck, Hans, Friedrich, Karl und ich, wir weigerten uns an diesem Massenmord teilzunehmen. Unser Kompanieführer Leutnant Ratschke machte Tatbericht und wir wurden in Simferopol auf Befehl des Regimentskommandeurs,

Oberst Müller, Friedrich Wilhelm vor dem Kriegsgericht der 170. Infanterie Division am 13. März 1942 in Abwesenheit zu 4 Monaten Gefängnis mit Bewährungsfrist verurteilt.
Von Mitte April bis zum 7. Mai 1942 befand sich unser Regiment in Simferopol. Mit einigen Kameraden meiner Kompanie begab ich mich ins Kino der Stadt. In der Nähe des Kinos stand ein geschlossener, blauer Wagen mit dem Schild der SS. In diesen Wagen wurden von der Gestapo 12 sowjetische Zivilisten verladen. Die SS-Leute, welche wir frugen um was es sich hier handelt erklärten uns, die 12 Personen seien Todeskandidaten. Sie werden in den Wagen verladen, der Wagen wird zugemacht, die Auspuffgase des Autos sind durch eine Vorrichtung ins Innere des Wagens geleitet und die Gefangenen gehen auf dem Transport elend zugrunde. Als wir am nächsten Tag unseren Kompanie-Chef, Leutnant Denesch, Kurt aus Düsseldorf, um nähere Aufklärung über den Zweck dieses Gestapo-Wagens baten, setzte er eine Kompaniebelehrung an. Er erklärte uns, durch die vielen Massenerschiessungen werden die Leute, die diese Erschiessung durchführen müssen, oft nervös und begehen Dummheiten, deshalb hat man den Todeswagen gebaut. Die Auspuffgase des Motors sind in das Innere des Wagens geleitet, die Todeskandidaten werden verladen, man fährt weg und bis man am Bestimmungsort ist, sind die Insassen tot, sie spüren nicht viel davon und man spart Patronen. Diesen Wagen muss man haben für die Partisanen und Juden. Soweit meine Erlebnisse. [...]

Ernst Laschober
III/132. IRgt., 44. Div.
Maurer
14.4.1943

Bericht

1.) Mitte Dezember 1941 besetzte die 44. Inf.Div. Sawitze bei Balaklaja. In Sawitze ging Hauptmann Heine auf Artilleriebeobachtung. Es wurde auf ihn ein Schuss abgegeben. Er ließ einen Aufruf an die Bevölkerung ergehen, dass, falls sich so was wiederholen würde, alle Männer erschossen werden. Am nächsten Tag ging er wieder auf die Beobachtungsstelle und es wurde wieder auf ihn geschossen; darauf liess er sämtliche Männer von 16 bis 60 Jahre erschiessen. Es waren zirka 120 an der Zahl.

2.) Am 10. Mai 1942 wurden in der Nähe von Krakowa, zwei schwerverwundete Rotarmisten, die im Straßengraben lagen, bei unserem Vorbeimarsch nach Waffen durchsucht. Ein Rotarmist hatte noch sein Gewehr bei sich. Stabswachtmeister Weisz aus Znaim gab den Befehl, daß beide Rotarmisten erschossen werden, und Obergefreiter Först aus Jennersdorf, Burgenland, erschoss beide Rotarmisten. [...]

Gefr. Wilhelm Arntzen
10./A.R. 242, 161. I.D.

Wir lagen Ende Mai 1942 in der Gegend von Subzow. Dort kamen täglich 4–5 russische Jungens angeritten um Pferde zu tränken. Unser Batterie-Chef Leutnant Rudolf Wilntzky liess die Geschütze auf diese Stelle einschiessen und als am nächsten Tag die Kinder wiederkamen, liess er 3 Schuss abgeben, wodurch die Kinder und Pferde getötet wurden. – Bemerkenswert ist, dass der Leutnant in der Heimat Obersturmführer der S.A. war.

Uffz. Ernst Thielmann
8. Kp. I.R. 167
FPN 08179 E

Mein Bericht enthält nichts Gehörtes oder Nacherzähltes, sondern beruht auf warheitsgetreuer Grundlage.

Mein Bericht:
In den Jahren 1941/42 gehörte ich der 31. Division (I.D.), 4. Kp.I.R.82 an. Wir lagen in der Gegend von Brjansk, in einem kleinen Ort an der Desna. In dieser Ortschaft habe ich laufend sehen müssen, wie die Zivilbevölkerung von einer Einheit der Feldgendarmerie auf das grausamste ermordet und schließlich fast ausgerottet wurde. Ich habe gesehen, wie Juden mit Stockschlägen, Kolbenstößen und Fußtritten zusammengetrieben wurden, wie man sie auf sadistische Weise mit den Bärten zusammenband und sie schließlich erschlug oder zum größten Teil an den Bäumen erhängte. Dies geschah in der Zeit von Juli bis Sept. 1942. Ich habe aus dieser Zeit entsetzliche Bilder in meiner Erinnerung und es fällt mir schwer, an all das Furchtbare zu denken. Einmal wurde die Zivilbevölkerung zusammengetrieben. Ich hörte, daß man sie nach Deutschland zum Arbeiten bringen wollte. Die Brücke über die Desna war durch Truppen, die drüberzogen, nicht zu benutzen. Als den Bestien von der Polizei die Wartezeit zu lange wurde, trieben sie die Zivilisten rücksichtslos in die Desna. Ich höre heute noch in meinem Inneren den Jammer der Menschen, die des Schwimmens unkundig waren und so auf entsetzliche Weise ertrinken mußten. Der Rest von den Leuten, die sich hinüberretten konnten, wurde von den Posten weitergetrieben. Etwas später habe ich gesehen, wie der Uffz. Gresiok von der 4.Kp. I.R. 82 (31.I.D.) 3 Zivilisten auf folgende Weise ermordete: Er band die armen Opfer an ein Pferd und schleifte sie buchstäblich zu Tode. Dies geschah mit Wissen des Komp. Chefs, Oberleutn. Bindig. [...]

Ich klage an! [illegible] 6 125

Im Januar-Februar 1943 befand ich mich im Jagdkommando Fischer unseres Regiments. Sich. Rg. 45. auf Partisanenbekämpfung im Walde von Bryansk.

Ende Januar besetzten wir im Morgengrauen ein Walddorf, dessen Bewohner Partisanen oder Partisänger sein sollten. Die Frauen und Kinder wurden am nächsten Tage aus dem Dorfe gejagt, die Männer erschossen. Mir ist nicht bekannt, daß Waffen gefunden worden sind.

Der uns begleitende G.F.P. Sekretär rühmte sich an diesem Tage, sein 2000. Opfer umgelegt zu haben und drohte uns, weil er die Abneigung und das Schaudern in unseren Gesicht sah.

Das Dorf wurde abgebrannt, es fielen auch noch Schüsse bei unseren Abzug im Walde, wo die Frauen und Kinder standen. Alle Dörfer in den nächsten Stunden unseres Marsches brannten.

Ein Monat später mußten wir Landser für die Schandtaten dieses Mannes büßen. Wir gerieten in einen Hinterhalt und hatten 33. Tote.

Der Name des G.F.P. Sekretärs muß beim III. Batl. Sich. Reg. 45. zu erkunden sein.

Gefr. Emil Kroll

Sich. Div. 221. S.R. 45. III Batl. 10. Komp.

Gefr. Emil Kroll
Sich.Div. 221. S.R. 45. III Batl. 10. Komp.

Ich klage an!
Im Januar–Februar 1943 befand ich mich im Jagdkommando Fischer unseres Regiments Sich. Rg. 45 auf Partisanenbekämpfung im Walde von Brjansk. Ende Januar besetzten wir im Morgengrauen ein Walddorf, dessen Bewohner Partisanen oder Parteigänger sein sollten. Die Frauen und Kinder wurden am nächsten Tage aus dem Dorfe gejagt, die Männer erschossen. Mir ist nicht bekannt, daß Waffen gefunden worden sind!
Der uns begleitende G.F.P. Sekretär rühmte sich an diesem Tage, sein 2000. Opfer umgelegt zu haben und drohte uns, weil er die Abneigung und das Schaudern in unserem Gesicht sah! Dieses Dorf wurde abgebrannt, es fielen auch noch Schüsse bei unserem Abzug im Walde, wo die Frauen und Kinder standen. Alle Dörfer in den nächsten Stunden unseres Marsches brannten. Eine Woche später mußten wir Landser für die Schandtaten dieses Mannes büßen. Wir gerieten in einen Hinterhalt und hatten 33 Tote.
Der Name des G.F.P. Sekretärs muß beim III. Btl. Sich. Reg. 45 zu erkunden sein!

Gefr. Heinz Helmschrodt
Geschwader General Wewer

Ich diente als Flugzeugführer bei der Luftwaffe, Kampfgeschwader General Wewer. Unser Flugplatz bei Sutschinskaja wurde regelmäßig jeden Abend von Partisanen überfallen u. uns ein Auffliegen somit unmöglich gemacht. Wir mußten dann jedesmal bis Brjansk weiterfliegen. Eines Abends, es war Anfang September 1942, wurde eine Maschine beim Einschweben zur Landung bei Sutschinskaja von Partisanen aus geringer Höhe abgeschossen. Als Vergeltungsmaßnahme wurde die SS-Standarte »Das Reich« eigens aus Wjasma per Transportflugzeug geholt. Die 2 Dörfer im Umkreis von Sutschinskaja verbrannten, die männliche Bevölkerung der beiden Dörfer, auf die förmlich Jagd gemacht wurde, wurde an einer Baumallee immer 2 Mann an einem Baum aufgehenkt. Man henkte auf diese Weise 150 Menschen! An der Art der Anordnung, der »dekorativen« Gleichmäßigkeit mit der die Leute als »Baumschmuck« aufgehenkt wurden, ließ sich die sadistische Freude der Henker erkennen. Die Frauen und Kinder wurden gezwungen Zeuge dieser bestialischen Grausamkeit zu sein.
Im Dezember 1941 war ich Zeuge, wie auf der Strecke zwischen Gotenhafen und Zoppot russische Kriegsgefangene in einem Viehwagen eingeschlossen absichtlich »vergessen« wurden. Der Großteil der gefangenen Rotarmisten, es waren Kasaken, arbeitete auf den Gleiskörper. Scheinbar waren die eingeschlossenen Gefangenen nicht arbeitsfähig, also überflüssig u. man entledigte sich auf diese Art u. Weise der unnötigen Esser. Als wir an dem besagten Waggon vorüberkamen konnte man noch schwaches Schreien u. Klopfen der vor Hunger und Durst verzweifelten Menschen hören.

Ich, Kriegsgefangener Bernhard Kötzel,
1./Geb.Jg. Rgt 85, 5. Geb.Div.

klage an:
Generaloberst Student Komandeur der Luftlandetruppen auf Kreta weil er am 21.V.41 einen Befehl herausgab, indem stand, daß keine Kriegsgefangenen gemacht werden und jede nur verdächtig erscheinende Zivilperson auf Kreta ohne lange Untersuchung zu erschießen sei. Dieser Befehl wurde am 22.V.41 vor der gesammten 1. Kompanie des Gebirgsjäger Regiment 85 verlesen. Weiter gab er am 28.V.41 den Fallschirmtruppen auf Kreta vor Ihrem Abtransport nach Deutschland freie Hand, die Rache an der Zivilbevölkerung, für Ihre erlittenen Verluste, auszuüben. Generalmajor Ringel Komandeur der 5. Geb. Div. wohnhaft in Gratz (Steiermark), weil er bei den Kämpfen auf Kreta sämtliche Lebensmittelvorräte der Bevölkerung beschlagnahmte und auch Privateigentum der ganzen einheimischen Bevölkerung wie Klaviere, Radioapparate, Musikinstrumente, Bettwäsche und andere Gebrauchsgegenstände beschlagnahmte. Am 1.IX.41 organisierte er ein Unternehmen gegen die Berghirten, die angeblich Partisanen wären und noch Englische Soldaten versteckt hielten. Ich selbst war bei einem Hochgebirgsspähtrupp dabei und hatten die Aufgabe ein Hochtal abzusperren, aber kein einziger versteckter Engländer kam mir zu Gesicht, und die Hirten die uns begegneten hatten keinerlei Waffen, aber trotzdem wurden Sie auf Befehl des Leutnants Schweiger verhaftet und dem in der Stadt Sfakia (Kreta) tagenden Standgericht übergeben. Dort wurden alle Zivilpersonen die sich nicht ausweisen konnten wo sie sich in der Zeit vom 15.–31. August befanden zum Tode verurteilt. Die Angehörigen von dem Standgericht sind mir namentlich nicht bekannt, da es zum Teil Angehörige des Divisionsstabes und Angehörige der Feldgendarmerie waren. Ebenso ist mir das Erschießungskomando namentlich nicht bekannt. Es ist mir nur bekannt, daß Sie Angehörige der 2. Komp. Geb. Jg. Rgt. 85 waren.

Major Gnaden: Komandeur des I. Bataillon Geb. Jg. Rgt. 85, weil er am 16. August 1941 in Kreta Strafexpeditionen gegen die Ortschaft Galatas organisierte, wegen feindliches Verhalten der Bevölkerung. Aus dieser Ortschaft wurden 300 Männer erschossen. Führer der Strafexpedition war Oberleutnant Walter, Chef der 3. Kompanie wohnhaft in Zwiesel (Oberpfalz). Ebenso wurde eine Strafexpedition gegen die Ortschaft Aijos Miton aus den gleichen Gründen gemacht. Aus dieser Ortschaft wurden 150 Männer erschoßen. Führer war ebenfalls Oberleutnant Walter.
Oberleutnant Rheinheimer Chef der 1. Komp. Geb. Jg. Rgt. 85 und Leutnant Huber Zugführer in der 1. Komp. Beide hatten wärend des Vormarsches in Kreta Zivilpersonen vor der Kompanie voraus getrieben und Sie so dem Feuer der englischen Truppen ausgesetzt, es waren auch Frauen u. Kinder darunter. Weiter ließ Oberleutnant Rheinheimer in Iraklion (Stadt auf Kreta) ein Klavier beschlagnahmen, und den Besitzer der das Klavier versteckte ließ Rheinheimer erschießen: Vollstrecker dieses Urteils war Obergefr. Ebner wohnhaft in Plattling (Niederbayern). Zeugen dafür sind Obergefr. Roman Spieß, Gefr. Hans Schumann wohnhaft in Regensburg. Weiter ließ Rheinheimer am 5. Oktober in Miros (Ortschaft auf Kreta) einen Zivilisten erschießen weil er für ein Hühnerei 8 Drachmen verlangte. Zeugen dafür ist die gesamte 1. Komp.
Hauptmann Walter. (Früher Oberleutnant und der Chef der 3. Komp.) jetzt Komandeur des I. Bataillons 85. wohnhaft in Zwiesel (Oberpfalz) weil er in der Zeit vom November–Dezember 1942 Sowjetische Zivilbevölkerung «Frauen u. Kinder» zu Schanzarbeiten in den vordersten Stellungen an der Newa verwendete wodurch viele Frauen und Kinder durch den beständigen Beschuß der Stellung getötet oder verwundet wurden. Den Befehl zur Verwendung von Zivilpersonen bei Befestigungsarbeiten in der vordersten Stellung gab Oberst Stembruch Regimentskomandeur vom Geb. Jg. Rgt. 85.
Unterarzt Dr. Böhm. weil er im Januar 1943 verwundete Rotar-

misten bei der strengen Kälte vor seinem Sanitätsbunker mit mangelhaft schlechten Verbänden ganze Nächte lang liegen ließ und dem Sanitätsgefreiten Denk Leo der einem Rotarmisten einen guten Verband geben wollte zur Strafe in vordere Linie geschickt.

Obergefr. Albert Niederwieser
Am 6. April 1944

Ich Obergefreiter Niederwieser Albert berichte über folgende Greueltaten die ich beim Regiment 601, 7 Kp., 201. Sicherungsdivision erlebt habe.

Wir waren im Partisaneneinsatz etwa 3–4 km vor Rasano in einem Dorf. Da wurde die Bevölkerung vom Btll.Stab zusammengetrieben. Es waren etwa 30 Frauen, 4–6 Männer und 25–30 Kinder. Dieses geschah im Januar 43. Die Kinder wurden von den Frauen getrennt und in das zurückliegende Dorf geschickt, ohne Begleitung. Das Alter der Kinder war von einem Jahr bis 14 Jahren. Frauen und Männer wurden in das nächste Dorf mitgenommen und dort in einer Scheune untergebracht. Morgens um 5 Uhr stand ich etwa 30 m von dieser Scheune entfernt Posten. Es kamen 3 Männer vom Stabe auf die Scheune zu, gingen hinein machten die Türe zu und dann begann eine tolle Schießerei in der Scheune. Als die Schießerei zu Ende war kamen die drei Männer raus und steckten die Scheune in Brand. Beim Namen kann ich nur den Wolgadeutschen Leutnant Alex nennen. Die Befehle derartige Dinge durchzuführen kamen vom Btll.Kommandeur Major Kühnhold. Was mit den Kindern geschehen ist, weiß ich nicht, da ich nie etwas erfahren habe.
Anfang März Südwestlich Welikije–Luki ereigneten sich folgende Fälle: Leutnant Alex brachte ein Mädchen auf einem Schlitten daher und erzählte er werde es zum Arzt bringen, was aber nicht der Wahrheit entsprach. Abends machten wir in einem Walde halt zu übernachten. Alex kam mit dem Mädchen, er fing es an zu stoßen und zu schlagen bis es tot liegen blieb.
Zweiter Fall: Einen Tag später in einem Dorf im gleichen Raum blieben wir über Nacht. In einem Hause wohnte eine Frau und eine Lehrerinn. Die Lehrerinn war ein bildhübsches Mädchen, von cirka 20 Jahren alt. Major Kühnhold und Leutnant Alex nahmen in dem selben Haus Quartier. Morgends hörte man im

Hause einige Schüsse und dann wurde das Haus in Brand gesteckt. Wir alle nahmen an, daß da ein Sittlichkeitsverbrechen begangen wurde und nachher Frau und Lehrerinn erschossen wurden.
Ein Offizier vom 2. Btll. Rgt. 601 machte eine Beschwerde bei der Division 201 über das Vorgehen gegen die Zivilbevölkerung von Major Kühnhold. Major Kühnhold wurde bei der Division vorgeladen. Unser Kp.Chef Obltn. Krause sagte zu uns: »Die Vorfälle von Major Kühnhold seien bei der Division geregelt worden und wir haben nichts zu sprechen darüber.« Es sprach sich im Btll. herum man müsse sich von den zwei Mördern und Brandstiftern selbst befreien indem man sie von hinten niederknalle.
Es war ungefähr Mitte März, da brachte der Bttl.Stab 4 Gefangene, eine Rote Kreuzschwester, einen Jungen und zwei ältere Männer. Der Junge versuchte auszureissen, was ihm gelungen ist. Ltn. Alex lief gleich mit der Maschinenpistole hinterher. Einige Kameraden nahmen den Karabiner und schossen auf Ltn. Alex. Alex erhielt im Hüftgelenk einen Durchschuß. Alex kam nach Polozk ins Lazarett wo er ein Bein verlor. Major Kühnhold fühlte sich seines Lebens unsicher, da er sofort erkrankte und nach Dünaburg ins Lazarett ging. Nach Entlassung aus dem Lazarett kam Major Kühnhold ins Reich. In eine Offiziersschule als Lehrer. Major Kühnhold war bevor er zur Wehrmacht eingezogen wurde Polizeihauptmann. Der Wolgadeutsche Alex hat in der russischen Armee gedient und war Leutnant. Laut Aussagen eines Urlaubers war Alex zirka vor einem Monat noch in Polozk.
Dieses Vorgehen bei den Kindern und das Hinmorden von Frauen und Männer hat auf uns ganz niederdrückend gewirkt und jeder hatte den Wunsch geäußert nie wieder mit Major Kühnhold in Einsatz zu gehen.

Hans Prudhoff
11. Panzerdivision, 110. Panzergrenadierregiment

[...] Bevor ich im Jahre 1941 nach Russland kam, hatte ich die Gelegenheit in Polen bei Debitza auf einem Truppenübungsplatz Greueltaten deutscher Kulturträger mit anzusehen. Dort hatten die Deutschen tausende von Juden ins Lager geschleppt, um sie dort zu vernichten. Von morgens bis abends trieb man diese ausgehungerten Menschen mit dicken Knuten an die Arbeit. Wer nicht mehr konnte, wurde mit der Knute einfach zusammengeschlagen. Des Abends im Lager warf man diesen Menschen einige Körbe Brotreste vor. Ausgehungert stürzten sie sich darauf. Aus lauter Vernichtungswillen schlug man dann in diese Menschenmassen hinein oder schoß mit der Pistole.
Man erschlug oder erschoß an einem Tage 10–20 dieser wehrlosen Menschen. Auf die Frage warum daß gemacht wird erklärte man mir, daß diese alle vernichtet werden müssen. Dieses Bild bot sich mir 14 Tage. Langsam und sicher wurden diese Menschen zu Tode gepeinigt.
Ich kam dann nach Rußland, nach Berditschew. Unterwegs habe ich gefangene Russ. Soldaten gesehen. Sie wurden von Deutschen Soldaten mit Gewehrkolben niedergeschlagen, weil sie von der Bevölkerung zu trinken annahmen. In Berditschew sah ich den Gipfel der Grausamkeit. Deutsche Lastkraftwagen oder Motorräder fuhren einfach auf der Straße gehenden Juden-Kolonnen zusammen. Bei der Straßenarbeit wurden sie so geschlagen mit der Knute, daß sie tot liegen blieben. Man zerschlug in sinnloser Wut und im Blutrausch Greise Frauen u. Kinder in ihren Wohnungen, oder steckte die Häuser einfach in Brand. Im September bot sich mir ein Bild, daß ich nie vergessen werde so lange ich lebe. Noch heute höre ich das Schreien dieser Menschen. An einem Tage mordeten diese deutschen Kulturträger 5–6 tausend Greise, Frauen und Kinder, und warfen die Leichen in große, von denen schon gesprengten Erdlöcher.
Ich mußte dann für 1 Jahr Rußland verlassen. Im Jahre 1942 im

Herbst kam ich dann wieder nach Rußland. Wiederum sah ich diese Grausamkeiten. Deutsche Offz. schlugen Russ. Frauen mit dicken Stöcken, und trieben sie an schwere Straßenarbeiten. Die Kinder dieser Frauen sperrte man während dieser Zeit in eine Hütte ein. Man zerschlug das letzte bischen, was die Bevölkerung besaß, und jagte diese Menschen einfach aus ihren Häusern, weil deutsche Kulturträger mit diesen Russ. Untermenschen nicht zusammen in einem Quartier sein durften. Im Winter des Jahres 1942 auf 1943 sah ich hunderte von gefangenen Russ. Soldaten erschossen am Wege liegen. Russ. Sanitäterinnen lagen mit entblöster Brust, die Kleider vom Körper gerissen und mit entblöstem Unterleib erschossen am Wege. Diese Greueltaten, diese Schandtaten dieser deutschen Kulturträger sind wohl einmalig in der Welt, und in der Geschichte. An Grausamkeit ist dieses wohl nicht zu übertreffen. Ich will die schändlichen Worte noch hinzufügen die die Kulturträger an diesen toten Frauenkörpern noch hinzu fügten. (Du!! hast du keinen Reiz? Nein, die sind ja schon kalt. Na, dann mach doch ein Feuer unten dran dann wird das Ding schön warm.) So lästerten und spotteten diese Kulturträger über diese entblösten, toten Frauenkörper. Diese Taten sind in Zeilen nicht wiederzugeben.

Im Sommer 1943 sah ich, wie deutsche Soldaten den Russ. Frauen den Schmuck, den letzten Ehering von der Hand rissen. Die Wohnungen und Möbel in sinnloser Wut zerschlugen, oder mit vorgehaltener Pistole das letzte Vieh aus dem Stall holten. Nach diesen Erlebnissen fand ich dann meine Flucht im August 1943 in der Russ. Gefangenschaft.

Obgefr. Horst Leidig
2./N 329, FPN. 39176.
31. 10. 1944

Erklärung an das Kommando der Roten Armee!

Ich bin Obergefreiter Horst Leidig, 2./N 329, geb. am 26.12.1921 in Leipzig, habe das Abitur und bin stud. ing. im Flugmotorenbau. Ich arbeitete vom 1. 10. 40 bis 30. 9. 41 bei den Junkers Flugzeug- und Motorenwerken A.G. in Dessau/Anh. In der H.-J. bin ich seit 1933 und seit 1940 in der NSDAP. Ich wurde am 4. 12.41 eingezogen und war bis 13. 12.43 in Riga beim Wehrmachtsbefehlshaber Ostland als Funker im Verkehr mit Funkstelle O.K.H. (B.d.F. und Chef H. Rust). Durch die Unfähigkeit von Hitlers Führung entstanden große Niederlagen und Verluste an Menschen und Material, die es mit sich brachten, daß ich als einziger Sohn meines an seiner Kriegsverletzung verstorbenen Vaters wegen Mangels an Frontsoldaten doch zur 329. I.D. als Funker kam. Obgleich es vielen Soldaten und besonders Hitler selbst und seinen Helfern klar ist, daß der Krieg für Deutschland verloren ist, werden täglich die abgekämpften Reste der deutschen Divisionen neu in den Kampf gejagt, nur um ihr eigenes Leben zu verlängern. Das aber bedeutet die Vernichtung des deutschen Volkes. Hitler zwang die deutsche Armee, unverantwortliche Greueltaten in Rußland zu begehen und dem russischen Volk Leid zuzufügen. Zu diesem kann ich folgendes mitteilen:
1.) Greueltaten der deutschen Sicherungskommandantur Lettland! Im Auftrage des Kommandanten des Sicherungsgebietes Lettland wurde vom 10.10.43 bis 18.10.43 ein Partisanenunternehmen gestartet. Führer war der Kommandant von Lettland, Generalmajor Wolfsberger. Das Unternehmen erstreckte sich aus dem Gebiete von Indra heraus bis zum Oswega-See. Schon im Jahre 1942 war wegen der starken Partisanentätigkeit das ganze Gebiet jenseits der lettischen Ostgrenze mit den Orten

Rossica, Mushina und Moskalki in etwa 15 km Breite abgebrannt worden. Von Neuem begannen die Partisanen, durch die Stützpunktlinie an der Grenze zu dringen und die Stützpunkte von hinten anzugreifen. Ich nahm nur die letzten drei Tage an diesem Unternehmen teil. Es wurden damals keine Erfolge erzielt oder Zivilisten getötet, da das Gebiet durch das Feuer im Vorjahr vernichtet war. Die Partisanen hatten sich in das Gebiet der Sümpfe um den Oswega-See zurückgezogen und wurden dort durch russische Flugzeuge versorgt. Die Verluste betrugen nach deutschen Angaben 2 tote Partisanen, 4 Tote und 8 Schwerverwundete auf deutscher Seite.

Ein zweites Unternehmen größeren Ausmaßes wurde vom 20.12.43 bis 4.1.44 gestartet. Es ging in den Raum Sebesh–Kochanowitschi–Drissa. Durch starke Sprengungen der Bahnlinie Dünaburg–Indra–Polozk–Witebsk hatten die Partisanen dies Unternehmen zum Schutze der Bahnlinie hervorgerufen. Führer des Unternehmens war der General der Polizei Jeckeln. Es gab vier Untergruppen. Im Osten bestand diese aus Fronttruppen, im Süden aus einer Polizei-Gruppe unter SS-Gruppenführer Gottberg, dem späteren Generalkommissar von Minsk nach dem Attentat auf Kube. Im Westen führte Generalmajor Dr. Bamberg, der Kommandant von Riga die Untergruppe und die nördliche Untergruppe wurde von General der Polizei Schröder geführt. Es wurde ein Kessel gebildet, in dem sich angeblich 12000 Partisanen befinden sollten. 2000 von diesen angeblichen Partisanen wurden gefangen. Ich war bei der Untergruppe West und kann über viele Schandtaten der deutschen Truppen bei diesem Unternehmen berichten.

Es war im Dorfe Sadeskoje. Wir wurden abgelöst von einem Landesschützenbataillon unter Major Heerklotz. Das Bataillon brachte 60 Zivilisten mit Vieh und Hausrat mit. Das Vieh wurde vom Batl. verbraucht, die Menschen zum Arbeiten verwendet. Als nach etwa vier Tagen die Vorräte aufgebraucht waren und das Batl. weiterziehen mußte, wurden die Zivilisten lästig. Der Kommandeur, Major Heerklotz und sein Unterarzt Dr. Philipp

ließen die Zivilisten, meist Frauen mit kleinen Kindern, antreten. Anfangs gingen die Frauen ahnungslos dorthin, weil sie nicht wußten, was geschehen sollte. Als jedoch das Morden begann, entstand eine Panik, die von Soldaten mit Bajonett unterdrückt wurde. Frauen knieten nieder und hielten dem Major ihr Kind entgegen. Sie alle wurden jedoch rücksichtslos umgebracht. Eine Frau hatte drei kleine Kinder. Der Unterarzt Dr. Philipp nahm alle drei auf den Arm, als ob er sie liebkosen wollte, aber ehe die Mutter sich richtig besann, hatte er sie in dieser Stellung erschossen. Als die Mutter aufschrie, wurde auch sie umgebracht. Die Verwundeten und Leichen wurden sodann in eine Scheune geworfen und verbrannt. Als ich diese Greueltat sah, wie man Verwundete und Tote in einem Haufen rücksichtslos zusammenwarf, packte mich ein Grauen und Ekel, und konnte nicht verstehen, wie man so unmenschlich sein könnte. Ich selbst hätte am liebsten den beiden Henkern dasselbe Schicksal angetan, aber es waren meine Offiziere, meine Vorgesetzten und ich nicht befugt, mich in ihre Taten einzumischen. Schwache Rufe der Verwundeten aus der brennenden Scheune wurden nicht gehört und nach ein paar Tagen sah man nur noch einen Haufen verkohlter Arme und Beine unter der Asche hervorschauen.
Einen zweiten Fall erlebte ich in Turalenki. Lettische Polizei-SS hatte etwa 40 Menschen zusammengetrieben. Nachdem ihnen das Vieh abgenommen worden war, wurden alle in einen Bunker getrieben. Als die Menschen so in den Bunker eingepfercht wurden, schienen ihnen doch Bedenken zu kommen. Einige wollten nach dem Zweck fragen. Die Letten verstanden zwar alle die russische Sprache, aber keiner gab Antwort, sondern rücksichtslos wurden sie in den Bunker zurückgestoßen. Es entstand nun eine Panik – Frauen wollten mit ihren Kindern fortlaufen, andere baten die Letten auf den Knien, ihnen zu sagen, was geschehen sollte, Alles wollten sie geben um das Leben ihrer Kinder. Es war wieder der gleiche Mißerfolg. Als dann eine Frau mit ihrem Säugling zur Tür stürzte, begann die Schiesserei mit Maschinenpistole in Tür und Fenster. Noch lange drangen Schreie aus dem

Bunker. Um auch dem ein Ende zu machen, wurde der Bunker angebrannt. Die meisten sind dann erst in Rauch und Flammen erstickt. [...]
In Anlaskowo waren etwa 200 Menschen zusammen, die nach Deutschland deportiert werden sollten. Über Nacht war lettische SS durchgezogen, hatte die Pferde und Schlitten geraubt und etwa 100 Menschen erstochen oder erschlagen.
Im Dorfe Ssoloducki versteifte sich unser Batl.-Führer, Hauptmann Mühlmann darauf, unbedingt in ein bestimmtes Haus zu ziehen. Dieses wurde noch von 2 Frauen bewohnt, von denen eine vor Altersschwäche nicht mehr laufen konnte. Trotzdem wurde das Haus bezogen und die Frauen wurden trotz –20° Grad Kälte in ein halbzerfallenes, nicht heizbares Haus gebracht und dort ihrem Schicksal überlassen. Die alte Frau war nach 2 Tagen verschwunden. Wahrscheinlich ist sie vor Hunger und Kälte gestorben.
Das ganze Unternehmen endete damit, daß sich die wirklichen Partisanen nach Osten durchgeschlagen hatten und daß 2000 Zivilisten erschossen wurden. Auf deutscher Seite endete das Unternehmen, hervorgerufen durch Artillerie- und Granatwerferfeuer der Partisanen mit etwa 250 Toten und vielen Verwundeten durch Minen. In Indra wurde ein besonderes Lazarett für diesen Einsatz eingerichtet.
Aus meinem Einsatz auf Stützpunkten kenne ich noch einen Fall. Es war im Dorfe Druja, Rayon Drissa. Trotz der Feindschaft der Polen waren einige zum Polizeidienst eingesetzt. Sie trugen aus den umliegenden Dörfern das Getreide zusammen und bespitzelten die Bevölkerung. Eines Tages hatte man eine weißruthenische Familie herausbekommen, die angeblich einen Partisanen beherbergen sollte. Ein Stoßtrupp von 20 Mann wurde losgeschickt und das Gehöft umstellt. Darauf ging man mit Maschinenpistolen in das Wohnhaus und fand schnell unter einem Schrank einen alten Juden im Kellerraum versteckt, der kaum laufen konnte. Er war bei der Besetzung Drujas in die Wälder geflüchtet, konnte aber wegen des Winters nicht dort

bleiben. Es wurden nun der Jude, der Bauer mit seiner Frau und einem Säugling auf einem Schlitten nach Druja geschleppt. Das Vieh wurde ihnen genommen und das Gehöft verbrannt. Nach einigen Tagen ohne Essen wurden die Leute auf einen Lastwagen verladen und zur Feldkommandantur (V)818 in Dünaburg gebracht. Dort wurden die beiden Männer erschossen. Die Frau wurde wieder nach Druja zurückgebracht und auf ihr zerstörtes Gehöft geschickt.

Vom Kampf der Partisanen kann man sagen, daß sie den deutschen Truppen größten Schaden zufügten. Sei es, daß sie Bahnen zerstörten oder Brücken sprengten, daß Autos durch Minen hochgingen, besonders wurden die Nachrichtenverbindungen gestört. Von 15 Fernschreibleitungen in Riga waren nachts nur 2 Leitungen zu gebrauchen, die übrigen waren durch die Partisanen zerstört. Fernsprechverbindung bestand nur auf den sogenannten Diplomatenleitungen. Als letztes blieb der Funk. Selbst da wurden zum Beispiel in Minsk Stromquellen zerstört, die Antenne zerrissen oder gar ein 800 Watt Sender zerstört.

Es bestand nun von der Führung der Befehl, daß Partisanen und deren Helfer aus der Zivilbevölkerung zu erschießen seien. Dieser Befehl wurde von den Offizieren aber auf die ganze Zivilbevölkerung ausgedehnt. Es war in all diesen Fällen die volle Eigenmächtigkeit der Kommandeure, die aus diesen Erschießungen nur Vorteile zogen. Ich denke hierbei an Wertsachen, die man den Menschen bei lebendigem Leibe nicht hätte nehmen können.

Statt daß Partisanen vernichtet wurden, wurden Zivilisten umgebracht. Durch diese Untaten und Verbrechen wurden viele Zivilisten ungewollt selbst zu Partisanen. Sie mußten, um ihr Leben zu erhalten, sich verteidigen. Sie sorgten vor, da sie in direkter Begegnung mit deutschen Truppen unterlegen waren und sprengten Straßen und Brücken, sodaß sie im Sommer Ruhe hatten. Im Winter begann dann ihre schwere Zeit. Deutschland hat durch diese Handlungsweise sehr sehr viel bei den Ostvölkern verloren. Es bekam viele zu Feinden und ganze Dörfer wurden zu Partisanenstützpunkten. So hat sich Deutschland seine Mißerfolge und Rückzüge auch zu einem hohen Prozentsatz seinem Partisanenkampf zuzuschreiben, denn viel Nachschub hätte ohne die Feindschaft dieser Gebiete seinen Weg an die Front gefunden, viele deutsche Soldaten hätten jetzt noch kämpfen können, wenn dieser Fehler nicht gewesen wäre, diese Partisanen hätte es gar nicht gegeben.

2.) Strafmaßnahmen des Generalobersten Schörner.

Nachdem vor einiger Zeit die Heeresgruppe Nord von Generaloberst Schörner übernommen wurde, setzte eine Welle von Strafverordnungen und auch Bestrafungen ein. Als erstes wurden Soldaten, die sich aus der H.K.L. entfernten wegen Feigheit mit dem Tode bestraft. Auch kleine Verstöße gegen die Disziplin wurden scharf geahndet. Beispielsweise darf der Soldat sein Gewehr nicht mit der Mündung nach unten tragen. Das bringt ihm 7 Tage Strafzug ein. Ein offener Jackenkragen kostet 5 Tage Arrest. Am 25.10.44 wurden 2 Soldaten vom Rgt. 551, 329 I.D. zum Tode verurteilt und hingerichtet. 5 Mann des gleichen Regiments bekamen 10 Jahre Zuchthaus, alle weil sie die Stellung verlassen hatten und beim Regimentgefechtsstand getroffen wurden. Die Verhandlungen wurden vom Kriegsgerichtsrat der Division geführt. Das Urteil vom Divisionskommandeur bestätigt. Meist wird das Urteil schon einige Stunden nach Bestätigung vollstreckt. Die Fälle, daß Soldaten die H.K.L. verlassen, werden immer häufiger. Manche tun es als angeblich Verwundete. Vor kurzem wurde ein Soldat wegen Fahnenflucht zum Tode verurteilt, weil er sich den Arm dick mit Verbänden einwickelte und so bis Riga kam. Mit dem Datum vom 18.10.44 wurde ein Befehl über 18 Todesurteile bekanntgegeben, die in Riga vollstreckt wurden. Und so geht es fast jeden Tag. Es wird hart bestraft bei der Heeresgruppe Nord, und all das, um mit preußischem Militarismus und Disziplin die Mißstimmung zu beseitigen und damit den Krieg zu gewinnen. [...]

Überprüfung der Angaben der Kriegsgefangenen in den Militärakten des Bundesarchivs Freiburg (Bernd Boll)

Rudi Maschke Das Infanterie-Regiment (IR) 6 war der 30. Infanterie-Division (ID) unterstellt, die bei der Heeresgruppe Nord im Raum Demjansk eingesetzt wurde.

Bruno Schneider Die 15. ID mit IR 106 war bis Juni 1941 bei der Heeresgruppe D in Frankreich eingesetzt. Im Juli 1941 wurde sie an die Ostfront verlegt und war mit dem XXVII. Armeekorps dem OKH zur Verfügung gestellt. Ausgangsstellung der Division war bei Brest-Litowsk, bevor sie im Raum Minsk-Mogilew eingesetzt wurde.

Georg Bergmann Von Juli bis Dezember 1941 war die 163. ID mit AR 234 dem Verbindungsstab Nord bei der finnischen Armee unterstellt. Beim Stellungswechsel wurde die Masse der Division an der finnischen Südfront (Karelien) eingesetzt.

Karl Hirth Die 2. verstärkte Gebirgsdivision mit Gebirgsjäger-Regiment 137 lag seit Januar 1941 in Norwegen und wurde im Juni 1941 zum Angriff auf die Sowjetunion eingesetzt.

Jakob Zietz Die 253. ID war mit IR 473 im Sommer 1941 zunächst in Litauen bei der 16. Armee, Heeresgruppe Nord, eingesetzt, später bei der 9. Armee, Heeresgruppe Mitte, im Raum Velikie Luki.

Hans Noske Nach ihrer Verlegung aus Jugoslawien an die Ostfront war die 4. Geb.-Div. dem XXXIX. AK (17. Armee) unterstellt und im Südabschnitt eingesetzt. Sie wurde von Westen her von Grodek über Winnitza und Uman in das Dnjepr-Gebiet geführt.

Günter Drechsel Die 95. ID war vom 26. Juni bis 13. Juli dem LI. Armeekorps, vom 14. bis 22. Juli dem XXIX. Armeekorps (6. Armee), vom 22. bis 24. Juli direkt der 6. Armee und vom 25. Juli bis 28. September wieder dem XXIX. Armeekorps unterstellt. Divisions-Kommandeur war Generalleutnant Hans Heinrich Sixt von Arnim. Am 13. Juli 1941, sie lag in Zwiahel und Kijanka, nahm die Division

Kontakt zur SS-Leibstandarte Adolf Hitler auf. Der Kommandierende General des LI. Armeekorps, General der Infanterie Hans Wolfgang Reinhard, arbeitete eng mit der Einsatzgruppe C zusammen. Im Einvernehmen mit Reinhard erschoß das SD-Einsatzkommando (EK) 4a bei einer Aktion in diesem Raum im Juli 1941 180 »Kommunisten und Juden« wegen »Brandstiftung«. In Zwiahel trieb die Wehrmacht wegen »Sabotage« alle Einwohner zusammen und führte als Vergeltungsmaßnahme Exekutionen durch.

Rolf Wetzel Das IR 88 war im Juli 1941 der 15. ID bei der Heeresgruppe Mitte unterstellt. Diese zog im Juli 1941 von Baranowitschi über Mogilew in Richtung Jelnja.

Otto Wormuth Von Juni bis Oktober 1941 war die 161. ID mit den Infanterie-Regimentern 336 und 364 der 9. Armee, Heeresgruppe Mitte, unterstellt. Ihre Ausgangsstellung war im Raum Bialystok, von wo aus sie zwischen Juni und August 1941 über Lida Richtung Smolensk vorrückte.

Fr. Schuler Das SS-Regiment »Westland« war der SS-Division »Wiking« unterstellt und in Südrußland und im Kaukasus eingesetzt. – Im Oktober 1941 töteten Einheiten des EK 6 und des Höheren SS- und Polizeiführers Zehntausende von Juden im Gebiet des Dnjepr-Bogens. Allein am 13. Oktober fielen in Dnjepropetrowsk fast 10000 Juden einem Massaker zum Opfer.

Richard Hilbig Nachdem sie bis August 1941 bei der 2. Armee im Raum Gomel, Heeresgruppe Mitte, eingesetzt gewesen war, wurde die 34. ID der 4. Armee unterstellt und in den Raum Wjasma – Moskau verlegt. Die Fahrt an die Moskauer Front dürfte von Gomel über Brjansk geführt haben.

Ferdinand Schindl Die 100. ID mit IR 83 war von Juni bis Oktober 1941 der 17. Armee, Heeresgruppe Süd, unterstellt. Das geschilderte Massaker der Waffen-SS muß sich im Raum Tarnopol–Proskurow ereignet haben.

Heinz Flohr Von Juni bis Dezember war die 295. ID mit Nachrichten-Abteilung 295 im Südabschnitt bei der 17. Armee eingesetzt. Sie rückte von Lemberg über Zoloschow und Tarnopol nach Uman vor. In Belaja-Zerkow erschossen Teile des SD-Sonderkommandos (SK) 4a im August 1941 alle Juden einschließlich 90 Säuglinge und Kleinkinder.

Johann Grünbart Das SS-Kavallerie-Regiment 2 war seit Februar 1941 der SS-Kavallerie-Brigade unterstellt. Deren Unterstellung und Einsatzraum war seit Juni 1941 die Heeresgruppe Mitte.

Hansgeorg Kohl Einsatzgebiet der 30. ID war im September 1939 der Raum Bzura in Polen. Im August 1941 war sie bei der Heeresgruppe Nord dem X. Armeekorps (16. Armee) unterstellt und operierte im Raum Waldai–Ilmensee.

Hugo Bahrs Anfang August 1941 verhaftete das EK 6 in Winnitza unter dem Vorwand, sie würden zum Arbeitseinsatz benötigt, fast die gesamte jüdische Intelligenz und erschoß sie. Weitere 146 Juden wurden zur »Vergeltung« getötet, nachdem 30 Leichen aufgefunden worden waren. Einige Wochen später erschossen die verbliebenen Teile des Kommandos rund 600 weitere Juden. – Losowaja lag im Herbst 1941 auf dem Vormarschweg der 17. Armee.

Leo Mellart Die 101. ID mit IR 228 war vom 21. August bis 10. September 1941 dem XI. AK und mit diesem der 11. Armee unterstellt. Sie operierte im Südabschnitt im Raum Pruth und Dnjepr. Die 11. Armee erschoß Tausende jüdische Kriegsgefangene und lieferte die übrigen dem SD aus.

Christian Farber Das IR 347 war 1941 im Mittelabschnitt bei der 197. ID eingesetzt: Moskau, Rshew, Newel, Witebsk. Im August 1942 war die 197. ID der 9. Armee unterstellt und operierte im Raum Rshew. – IR 351 (183. ID) und IR 254 (110. ID) waren ebenfalls bei der Heeresgruppe Mitte in diesem Raum eingesetzt.

Heinz Ackermann Die 14. ID war mit IR 11 im Juli 1941 der 3. Panzergruppe, Heeresgruppe Mitte, unterstellt, und rückte von Brest-Litowsk über Baranowitschi nach Minsk vor. Etwa im September marschierte sie von einer Stellung zwischen Smolensk und Welisch in den Raum Moskau, den sie im Dezember erreichte. Beim Rückzug im Januar 1942 befand sie sich erneut im Raum Welisch.

Helmut Schipsky Im September 1941 war die SS-Totenkopf-Division mit SS-Totenkopf-IR 3 im Nordabschnitt dem LVI. Armeekorps (16. Armee) unterstellt. Einsatzgebiet war der Raum Staraja-Russa–Demjansk.

Fritz Güntner Das IR 202 war im September 1941 der 75. ID (6. Armee) unterstellt und in Kiew eingesetzt. Von der 75. ID ist bekannt, daß sie besonders brutal gegen angebliche »Saboteure« und »Partisanen« unter der Zivilbevölkerung vorging.

Rudolf Götz Die 76. ID war von September 1941 bis Juli 1942 der 17. Armee, Heeresgruppe Süd, unterstellt. In Lubny ermordete ein Teilkommando des SK 4a am 18. Oktober 1941 1363 Menschen, in der Mehrzahl Juden. – Seit Oktober 1941 war die Division im Raum Artemowsk, ebenfalls Heeresgruppe Süd, eingesetzt.

Alfred Kerst Kerst war Angehöriger des Kradschützen-Bataillons 53, das der 3. ID (mot.) unterstellt war. Die Division unterstand im September 1941 der 16. Armee im Nordabschnitt im Raum Demjansk; im Oktober wechselte sie zur Panzergruppe 4 im Raum Roslawl–Juchnow.

Hubert Maier Im Oktober 1941 tötete das SK 4b allein in Poltawa mindestens 781 Menschen, die meisten von ihnen Juden.

Herbert Büttner Die 297. ID war seit November 1941 der 6. Armee (XI., LI. und LV. Armeekorps) unterstellt, mit der sie in Stalingrad unterging. Sie lag von November 1941 bis Juli 1942 im Raum südlich von Charkow in der Winterstellung. Pawlograd, ca. 150 km südlich von Charkow, war von der 17. Armee besetzt. Die geschilderten Ereignisse sind damit auf Oktober/November 1941 zu datieren.

Hans Meister Die Nachschub-Kolonnen-Abteilung 903 war 1941 bei der 2. Armee, Heeresgruppe Mitte, eingesetzt. Diese verteidigte, mit Unterstützung zweier Teildivisionen der 6. Armee, vom 21. Dezember 1941 bis 4. Februar 1942 Kursk gegen die Rote Armee.

Gefr. Schoula Das IR 610 war der Ersatzbrigade 202 unterstellt, die am 24.12.1941 in Sicherungsbrigade 202, am 27.4.1942 in Oberfeldkommandantur 392 (Minsk) umbenannt wurde.

Heinz Feuer Das Infanterie-Bataillon z.b.V. 500 war ein aus 4 Kompanien bestehendes Bewährungsbataillon. Einsatzgebiet war seit Oktober 1941 Charkow, 1942 der Kaukasus. – In der Nacht vom 14. auf den 15. November 1941 explodierte in einem Divisions-Stabsgebäude in Charkow eine Bombe, die mehrere Offiziere und Schreibkräfte tötete. Zur Vergeltung wurden 200 angebliche Kommunisten erschossen oder erhängt und 1000 Geiseln festgenommen, für die eigens ein »Konzentrationslager« eingerichtet wurde.

Heinz Humbroich Smolensk war seit 5. August 1941 Standort von Führung und Stab der Einsatzgruppe B. Das EK 8 der Einsatzgruppe B sandte von seinem Hauptquartier in Mogilew aus sukzessive Trupps nach Smolensk, Gomel, Witebsk, Orscha, Kritschew, Roslawl, Brjansk und Borissow. Im Dezember 1941 meldete die Einsatzgruppe B aus diesem Raum mehr als 17 000 getötete Menschen, fast ausnahmslos Juden und Jüdinnen. Zum Teil erfolgten die Morde in Zusammenarbeit mit oder auf Wunsch der Wehrmacht.

Karl Frei Der Einsatz des Landesschützenbataillons 889 im Kriegsgefangenenlager Pleskau konnte nicht einwandfrei verifiziert werden.

Franz Wesskallnies Das Stalag IF im Wehrkreis I (Königsberg) verfügte über zwei Zweiglager in Schützenort und Prostken [!] in der Nähe des damaligen Ebenrode, die ausschließlich für sowjetische Gefangene bestimmt waren. Die Sterblichkeit unter den sowjetischen Kriegsgefangenen begann im Oktober und November 1941 dramatische Ausmaße anzunehmen. Obwohl sie im Dezember etwas rückläufig war, starben 72 000 von 390 000 der sowjetischen Gefangenen im Reichsgebiet.

Alfred Scholz Die 11. ID mit AR 11 war im Dezember 1941 der 18. Armee im Nordabschnitt unterstellt und operierte im Raum Wolchow–Ladoga östlich von Leningrad.

Wilhelm Göbel Die 78. ID mit IR 14, IR 195 und IR 215 unterstand im Mittelabschnitt der 4. Panzerarmee. Sie war im November und Dezember 1941 vor Moskau eingesetzt und mußte im Januar 1942 in den Raum Gshatsk zurückweichen. Am 15. Januar 1942 befahl Hitler der Heeresgruppe Mitte, beim Rückzug in die Winterstellung Verkehrsanlagen und Unterkünfte zu zerstören.

Willi Schadt Die 29. ID mit dem Kradschützen-Regiment 29 war im Juni 1941 im Mittelabschnitt dem XXXXVII. AK (2. Panzergruppe) unterstellt und wurde über Zelwa in den Raum Minsk–Smolensk–Brjansk geführt. – Im Januar 1942 war sie der 2. Panzerarmee unterstellt und operierte im Raum Orel und Mzensk/Sucha.

Kurt Kollwitz Die 73. ID unterstand im Juli 1941 zunächst der Heeresgruppe Süd, bevor sie dem OKH im Raum Jassy zur Verfügung gestellt wurde. Im August wechselte die Unterstellung zur 11. Armee, die an der Südfront von Rumänien aus bis Oktober nach Nikolajew vordrang und im November und Dezember die Krim besetzte. Anfang Januar 1942 meldete der SD Kertsch »judenfrei«, nachdem die Kommandos der Einsatzgruppe D allein vom 16. November bis 15. Dezember 1942 im westlichen Teil der Krim 17645 Juden erschossen hatten.

Johann Schmidt Seit Januar 1942 stand die 73. ID zur Verfügung der 11. Panzerarmee in Taganrog, der seit Juni 1941 auch die SS-Division »Wiking« unterstellt war. Ende November meldete die Einsatzgruppe D, die über Taganrog, Rostow und Stalino Richtung Nord-Kaukasus zog und zwei Kommandos auf der Krim gelassen hatte, Mariupol und Taganrog »judenfrei«.

Karl Blayel Die 1. Kompanie der Armee-Sanitäts-Abteilung 542 war 1941 bei der 6. Armee, Heeresgruppe Süd, eingesetzt. In Luzk wurden Ende Juni durch das SK 4a als »Vergeltung« für Morde an Ukrainern rund 2000 vorwiegend männliche Juden erschossen. In Zwiahel erschossen Wehrmacht und SD eine unbekannte Zahl von Opfern. Die Zahl der Opfer in Shitomir betrug mindestens 3835, in Charkow 20 000 Menschen.

Arnold Hermann Im Januar 1942 wurden General der Infanterie Gotthard Heinrici Oberbefehlshaber der 4. Armee und Oberst i.G. Julius von Bernuth Generalstabschef. Die 4. Armee war von Januar bis Dezember 1942 der Heeresgruppe Mitte unterstellt und nahm von Dezember 1941 bis April 1942 an den Abwehrschlachten vor Moskau teil. Die schwere Artillerie-Abteilung 736 (mot.) war 1942 bei der 2. Panzer-Armee, ebenfalls Heeresgruppe Mitte, eingesetzt. In Spass-Demensk operierten sowohl die 4. Armee wie die 2. Panzer-Armee.

Hanno Heintze Die 110. ID stand im Juli 1941 zur Verfügung OKH/Heeresgruppe Mitte und marschierte von Wilna über Newel Richtung Velikie Luki. Von Dezember 1941 bis Januar 1942 unterstand sie der 9. Armee im Heeresgebiet Mitte, mit der sie sich von Kalinin in Richtung Rshew zurückzog.

Walter Pfeifer Die 24. ID mit IR 31 war zunächst der 17. Armee bzw. der Heeresgruppe Süd unterstellt. Sie wechselte im November 1941 zur 11. Armee (LIV. Armeekorps) und marschierte über Dnejpropetrowsk an das Schwarze Meer. Die 11. Armee erschoß Tausende jüdische Kriegsgefangene und lieferte die übrigen dem SD aus.

Johannes Konradi Die 216. ID mit Pionier-Bataillon 216 war im Januar 1942 auf die 2. Panzer-Armee, die 4. und die 9. Armee (Heeresgruppe Mitte) aufgeteilt. Zum Abbrennen von Dörfern vgl. den Kommentar zu W. Göbel.

August Bellersheim Das IR 336 war der 161. ID unterstellt und operierte im Februar/März 1942 im Raum Rshew, Mittelabschnitt. Bei der Fahrt in diesen Einsatzraum kann Bellersheim Baranowitschi passiert haben, wo der SD am 2. und 3. März 1942 insgesamt 2007 Juden erschoß.

Jonny Schönfeldt Die 12. ID mit IR 27, IR 48 und IR 89 war von Juni 1941 bis Dezember 1942 der 16. Armee, Heeresgruppe Nord, unterstellt und im Raum Demjansk eingesetzt. Im Frühjahr 1942 bereitete die 16. Armee einen Großangriff zur Öffnung des Kessels von Demjansk vor, wo das II. Armeekorps eingeschlossen war.

Werner Valentin Das Luftwaffen-Baubataillon IV/3 war im Osten, auch bei der Heeresgruppe Mitte, eingesetzt. Der Einsatzraum für April 1942 ist bislang nicht bekannt.

Hans Tibes Von November 1941 bis Mai 1942 war die 72. ID mit 105. IR der 11. Armee, Heeresgruppe Süd, unterstellt. Einsatzraum war die Krim (Simferopol, Jalta und Kertsch). Die 11. Armee erschoß selbst Tausende jüdische Kriegsgefangene und lieferte die übrigen dem SD aus. Simferopol war Standort der Einsatzgruppe D, die Anfang Januar 1942 meldete, daß Simferopol »judenfrei« sowie die »Krimtschaken- und Zigeunerfrage gelöst« sei.

Ernst Laschober Die 44. ID mit IR 132 lag im Winter 1941/42 bis zum Aufbruch nach Stalingrad im Sommer 1942 südöstlich von Charkow. Sie war dem LV. bzw. LI. AK (6. Armee) unterstellt.

Wilhelm Arntzen Die 161. ID war im Frühjahr 1942 im Raum Rshew der 9. Armee unterstellt. Bei der Angabe des Regiments liegt ein Schreibfehler in den Akten vor: Das AR 242 war der Division nicht unterstellt.

Ernst Thielmann Die Vorfälle müssen irrtümlich auf 1942 datiert worden sein: im Raum Brjansk befand sich die 31. ID im September 1941. – Das Landesschützen-Bataillon 714 unterstand dem Kommandeur der Kriegsgefangenen im Wehrkreis XX (Danzig).

Heinz Helmschrodt Mit »SS-Standarte ›Das Reich‹« ist die SS-Division (mot.) »Reich« gemeint, die im April 1940 aus drei SS-Standarten gebildet worden war. Sie war bis Juni 1942 bei der Heeresgruppe Mitte im Einsatz und wurde mit ihren Resten im August nach Nordfrankreich verlegt. Im Februar 1943 kam sie zurück an die Ostfront (Ukraine), um im Februar 1944 erneut in Frankreich eingesetzt zu werden. Möglicherweise blieben Reste der SS-Division bis zum September 1942 bei der Heeresgruppe Mitte; der Zeuge kann den Vorfall aber auch falsch datiert haben: im September/Oktober 1941 lag die Division in Wjasma.

Emil Kroll Die 221. Sicherungsdivision war von Januar bis September 1943 im Raum Desna dem rückwärtigen Heeresgebiet Mitte unterstellt.

Bernhard Kötzel General Kurt Student war Kommandeur des XI. Luftkorps, das Ende Mai 1941 Kreta angriff. Er befahl am 31. Mai 1941, Feindseligkeiten der Zivilbevölkerung durch Abbrennen von Dörfern und Tötung aller männlichen Einwohner zu beantworten. Bis 9. September wurden 1135 Zivilisten exekutiert und zahlreiche Dörfer zerstört. – Generalmajor Julius Ringel, ein österreichischer Altnazi, war Kommandeur der 5. Gebirgsdivision, die bis Oktober in Kreta stationiert war. Zwischen November 1942 und Januar 1943 war die Division im Osten bei der Heeresgruppe Nord im Raum Leningrad–Wolchow eingesetzt und unterstand der 18. Armee.

Albert Niederwieser Von Juli 1942 bis März 1943 unterstand die 201. Sicherungsdivision mit dem Sicherungsregiment 601 dem rückwärtigen Heeresgebiet Mitte im Raum Polozk. Einsatzgebiet im Januar 1943 war der Raum Newel, bis April führte die Division eine Reihe von »Bandengroßunternehmen« durch. – Im März 1943 war die Division im Raum Newel–Velikie Luki eingesetzt.

Hans Prudhoff Der Zeuge muß 1941 mit der Panzergruppe 1, die die Stadt am 7. Juli erreichte, nach Berditschew gekommen sein. Hier und in der Umgebung ermordete der SD, unterstützt von Polizeieinheiten, bis September Tausende von Juden.

Horst Leidig Die 329. ID mit unterstellter Nachrichten-Abteilung 329 war im Oktober 1943 bei der 16. Armee, Heeresgruppe Nord, im Raum Staraja Russa eingesetzt.